JN082215

秘境旅行

芳賀日出男

角川文庫
22011

はじめに

今や日本には秘境などはなくなってしまったと思う。どこへ旅行しても私と同じシャツを着て標準語をしゃべり、テレビを楽しむ市民や村人ばかりである。秘境の代表選手のように語られている熊本県の五家荘《ごかのしょう》でもパーマ屋さんはあり、茶店にいこえば電気冷蔵庫の中からジュース瓶を出してくれる。住む人のためにはその方が便利である。

むしろ日本にあるのは地点としての秘境ではなく、光景としての秘境である。ごく平凡な町や村で、おだやかな暮しをしている人々だが、ある日、ある時俄然群衆の中にエネルギーが燃え上ると一変する小世界がある。それは独自の生産であり、風土との激しい闘いであり、季節ごとにめぐってくる祭の興奮である。この生活の緊張は私たちの目を見はらせ、日本の異なったさまざまな面を教えてくれる。

私は写真家としてこの十年間二千日くらい旅行をした。細長い飾り紐のような国のはしはし、国境の町、岬の漁村、離島、山岳地帯の集落など、二十世紀の日本人の生活を記録したいためである。そこで私はなるべく土地の人々と肌のふれあう気持で旅行した。かやぶきの屋根の下で村人にかこまれて眠り、食べ、仕事を手伝わせてもらいながら写真を撮ったところも少なくない。村人の平凡な日常生活がやがておきる緊張の生活へつながって、一見秘境のように見えるすさまじさも暮しの中で理解出来る。光景的秘境の地底には、そこに何かがあり普遍的な日本がひそんでいる。

このささやかな旅行記は物珍らしさから普遍的な日本を発見するための私のノートである。

芳賀日出男

オロッコ族が家の守り神としている木彫の人形

南の果て奄美群島

【エキゾチックな島】

日本の南のはての海と陸《おか》。その海はどこよりも青く黒く男性的な黒潮だ。そして、その陸《おか》は亜熱帯樹のしげる奄美《あまみ》群島である。ここには三十万近い人が住んでいる。私はこのかずかずの島をめぐって百八十日ほどをすごした。島の村人と語りあい、写真を写した昼や夜の想出を、今なお忘れえない。日本人の人なつかしさを、今なおひそめているような気がするからだ。アマミキョというこの群島の女祖神は、島人に本土の人たちの知らない生きる楽しみをわかち与えたのだろうか（奄美本島北部・赤木名《あかきな》地峡）

【台風銀座】奄美本島と徳之島は古成層の地質からなり、珊瑚礁の平らな島と異り山や高い丘がある。島の部落はその山や丘のかげに台風をさけて集落をなしている。「台風銀座」とよばれるこの群島の村人の生き方は、まず風をさけて住むことだった（徳之島町亀津の農村）

【同年会】奄美の人が家族や親戚集団のほかに、部落ごとに同じ年齢の者同士が集まる、同年会という年齢集団がある。仕事、勉強会、貯金、旅行や娯楽などは、この同年会によって行われる。村の社会的な組織の上にも大きな役割を果している（本島名瀬市大熊の同年会）

【農業】農家は総戸数の約70%をしめている。米は一年に二回とれ、甘藷、甘蔗がそれに劣らぬ産業になっている。最近はパイナップル、バナナ、百合根の栽培も盛んになった。また湿気が多いので穀物の収納倉には高倉がある（本島大和村）

【大島紬《つむぎ》】大島紬は全国的に名の知れた特産品で、農村の婦人が農閑期に丹念に織り上げると品質のよいものが出来る（本島笠利《かさり》村）

【胸までつかる田植】 珊瑚礁の島は水はけが悪く、胸までつかる湿田がある（沖之永良部島）

【カツオ漁の餌をとる】奄美本島には、いたるところにリアス式の海岸があり、海か湖水かわからないほど静かな入江が多い。その島影にかかる日出、日没の風景は美しく、午後訪れてくるスコールにかかる虹をとおしての眺めは亜熱帯の島ならではだ。島には「いたつけ」とよばれる小舟がある。前むきにオールを握ってこぐ軽快な舟だ。島人は島と島との交通にも、また隣の村に行くにも気軽にこの「いたつけ」に乗って行く。勿論漁業にも使う。この写真は夕闇せまるころ、翌日のカツオ漁の餌であるキビナゴを捕っているところだ（本島焼内《やけうち》湾）

【蘇鉄《そてつ》の葉を運ぶ女】奄美の女性は物を頭にのせて運ぶ習俗がある。この頭上運搬のためか猫背の婦人が少く、老いても腰の曲った人を見かけない。写真は燃料につかう野生の蘇鉄の葉を運んでくるところ。細い山道など背負う倍も運べるという（沖之永良部島《おきのえらぶじま》）

【地底から水運び】島の女性にとって最大の労働は水運びだ。特に珊瑚礁の島は飲料水に不足する。暗河《くらごう》とよばれる、地底の川から水を汲み上げる仕事は辛い。島の村々にも、だんだん簡易水道が出来て、やがてはこんな風俗は見られなくなるだろう（沖之永良部島）

【昔話】奄美の島々にはまだ昔話を上手に語って聞かせる年寄たちがいて、昔話は「ムンガタリ」とよばれている。死者の通夜に、その枕許で語って霊をなぐさめる儀礼もある。羽衣伝説の原型をなす「天人女房」など、子供にまじって何べん聞いても面白い（沖之永良部島にて）

【子供を額で運ぶ母】物を背おって運ぶ時、そのひもを額にかける。奄美では、この運び方を「テル」とよんでいる。母が幼な児を「テル」で運んで、野良に出てゆく風景はよく見かける。母と子の情愛は、さいはての島も、都会も変らない（本島大和村にて）

【諸鈍《しょどん》部落の村芝居】奄美本島の属島、加計呂麻《かけろま》島の諸鈍部落には素朴な村芝居がある。村祭の日に紙の仮面をかぶって、大きな太鼓を持った役者たちがにぎやかにお宮の境内に入ってきて、棒踊り、人形芝居、獅子退治などを見せてくれる

【先祖祭】死者は三十三年たつと、祖先の仲間に加えられ、その日、親戚一同が墓前で先祖祭をし、優美な踊りをささげる（沖之永良部島）

【巫女《みこ》の祈禱舞い】島のあちこちにはノロと呼ばれる部落の巫女がいて、村の稲刈りや魚漁の始まりには豊作大漁の祈禱舞いをする（本島大和村）

【奄美の島々】 熱帯樹アダンの林ごしに見える奄美の島々

目次

ノサップ —北海道—

ノサップ岬の灯台

流氷の岬

ノサップ

北海道根室支庁根室市花咲半島

三月三日、氷と雪にとざされた国鉄の終着駅根室につく。汽車は四十分の延着である。たそがれの群衆にまじって改札口を出れば、駅前で待っているはずのノサップ岬行きバスの姿が見えない。汽車の延着などおかまいなしに午後四時の最終は出てしまったらしい。

冬の北海道は寒さと雪のためにダイヤはおくれがちで、なかなか東海道線のようなわけにはいかない。ローカル線では乗客の方もなれていて始発前から「どうせおくれるでしょうから……」と計算しているので、不平をいう人もいない。

今夜はノサップ岬の田舎宿までたどりつけないので、根室の町で旅館を探すことになった。

道の凍った町をあるけば、オホーツク海の寒さが身にしみる。店屋の明るい灯に目をむけると桃の節句の雛菓子と桜餅がガラスごしに見える。

このわずかな「人工の春」だけが花咲半島の三月に弥生《やよい》月の印象を与えている。根室では六月に入らないと千島桜も水芭蕉も咲く季節にならないのである。

宿屋では思いがけもなく鰊《にしん》の焼魚を出してくれた。さすがに本場だけあって煙でいぶしてやいた味がうまかった。この鰊は釧路の近くの厚岸《あつけし》海岸でやっと昨日からとれ始めたのだそうだ。鰊は春告魚《はるつげうお》といわれる魚である。春の潮にのって群をなして訪れてくる。厚岸と根室では九十キロしか離れていないが、根室がオホーツク海岸側にあるのにくらべて太平洋岸側にある厚岸は春のくるのが一足早い。北海道の人はこの春告魚のとれる季節をどんなにか待つ。昔は寺の鐘の音も鳴らさせないほど村人は息をひそめて鰊の群をまち、この生産が春の景気をつけたのである。

　二重窓の旅館の一室で百円の燃料代を払ってルンペンストーブを真赤にたき、零下十度近い外の寒さを話題にしながらも、食膳の鰊は春の遠くないことを知ら

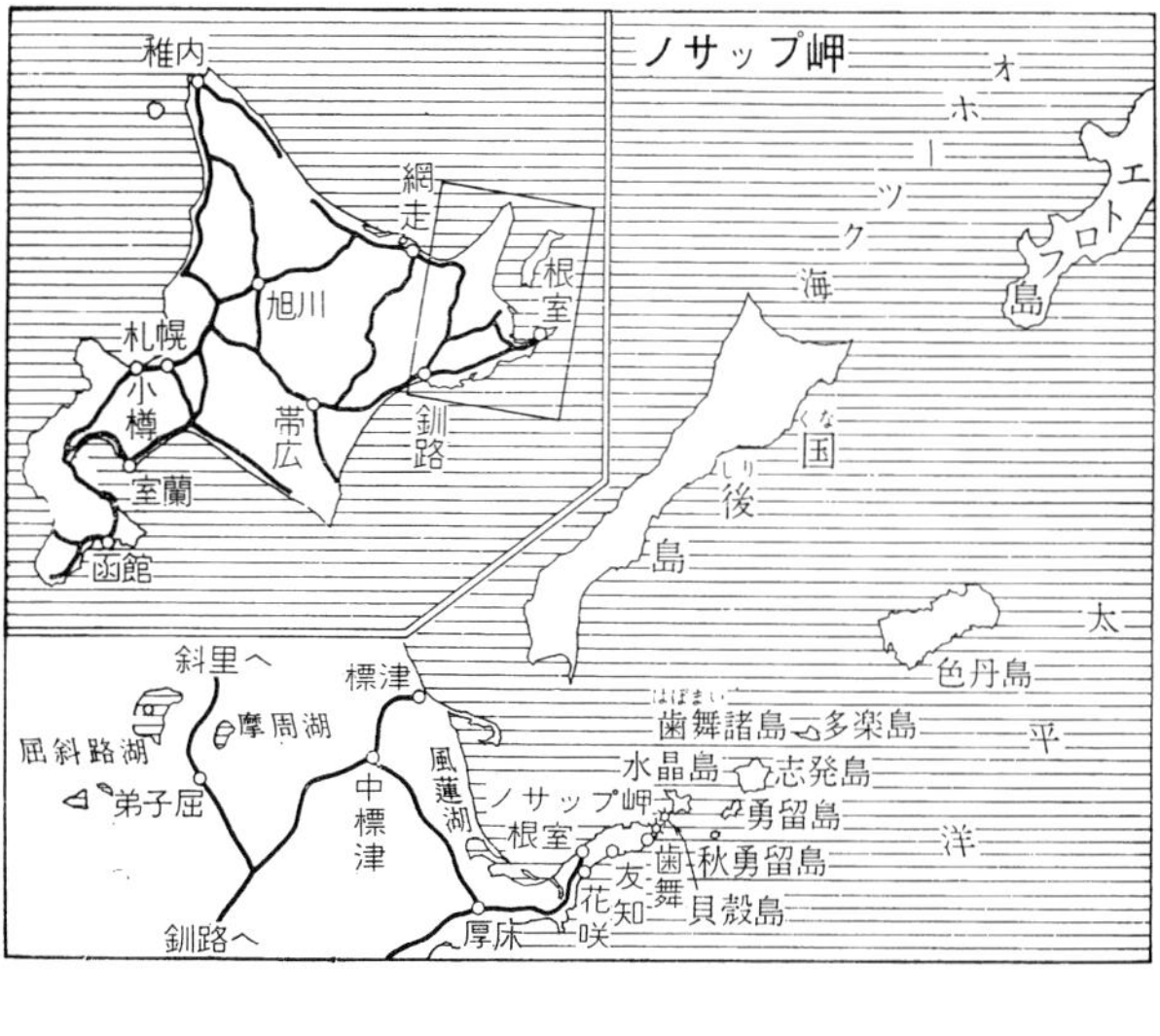

結氷した根室の港の夕暮れ、子供たちは凍った海の上で遊んでいる

せてくれる。

翌朝は七時五十分のバスで根室を発つ。粉雪の舞っている広い道をバスは東に走る。北海道のバスはどこでもヒーターが通っていて暖かかったが、ここだけは寒い。運転手の足もとに煉炭ストーブが一つあるだけである。ゆれてくれると、かえって体の運動になって暖たまりそうな気がする程だ。

相客はノサップまでの部落ごとに魚や雑貨を運ぶための商人ばかりで、夏とちがって観光客などは一人もいない。

ノサップ岬の突端までは一時間五分かかる。友知《ともしり》をすぎて丘の上の見通しのよい道路を走り出すと、右手に青黒い太平洋の海がせまって見えてくる。左手は雪原である。目をこらして見ても果しなくつづく雪原である。幅十キロにすぎない花咲半島の地図と首引きでこの雪原の所在を探す。そのうち雪原は結氷したオホーツク海であることがわかってくる。

沖根婦《おきねっぷ》にかかるあたりから、太平洋の海にはわずかな流氷のかけらが見られるようになった。それでも海辺はあたたかいと見えて砂地がのぞいて見える。

歯舞《はぼまい》をすぎてバスの車掌が、

「カワイさん前」

と呼ぶ。北海道の田舎を旅行していると「タカハシさん前」とか、「キムラさんのお宅前」という名のバスの停留所にあう。広々とした原野の中にぽつんと一軒、サイロウを持った農家がある。それだけが目印のバスの停留所はいかにも北海道らしい荒漠さを感じる。この停留所に出てくるまでに何キロもの道を歩いてくる人々があるのだ。

ところでカワイさん前を出たバスはまもなくストップ、馬の夫婦が道路の真ん中に頑張ってどうしても動かないのだ。運転手が警笛を鳴らしても知らない顔をして雪路の匂いをかいでいる。なにしろ牧場の中に道路が出来ているようなところなので、先方次第で待つことになる。

九時頃、バスはノサップの部落につく。国境監視のための警察の望楼《ぼうろう》の真下が終点になっている。ここから灯台までは五分とかからない。

バスの行く手をはばむ馬の夫婦

この灯台は高さ九・三メートル、海面からは二二・四メートルである。白塔の部分がそびえ立っているという感じのものではない。むしろ風雪にたえるためにずんぐりしている。

初めて灯がともったのは明治五年（一八七二）で、その後八年間は外国人の力でともされていた。今日では光の到達距離は二十七キロである。

ノサップ灯台の特徴は霧笛《むてき》を持っていることだ。黒潮とオホーツク海のぶつかり合うところは、霧がわきおこる。五月になると梢の新緑の葉も見えぬほどに乳色の濃い霧がおそってくる。それが九月までつづくのである。このためにノサップ灯台では明治十五年に霧鐘をつけた。明治四十一年からはそれが霧笛にかわっ

ノサップ岬の灯台。霧笛をつたえるラッパがある

た。

現在では三十三秒に一回、三秒の笛が鳴る。つまり三十秒やすんで三秒ずつ、低い透る音で船をよぶのである。

この音は、漁に出ている小舟にとっては、向い風なら二時間前、追い風なら三時間前、距離にして約十五キロから聞えてくる。漁船の人々は霧の日にこの音の聞える範囲まで帰ってくると、母の腕の中に入ったほどの安らかさを覚えるのだそうだ。方向探知機の発達した最近でも、この霧笛はそれにもまして安心を与えてくれる。方向探知機では方向性のみなので、百八十度間違えるとそれっきり逆の方向に走ってしまう。地上では考えられないような誤ちが文字通り五里《ごり》霧中《むちゅう》の海ではおきるのである。

ノサップ灯台の入口にある観光掲示板

小舟のエンジンの響きの間に三秒間の吹奏を耳にした若者が
「聞えたぞ！」

と叫ぶと、皆一せいに耳の後に両手をあてて霧の中で目をつぶって笛の音を聞き入るのだそうだ。一度耳にとらえられた霧笛は決して漁師からは逃げない。小糸をたぐるようにして小舟はぐいぐいとノサップ岬目がけて帰ってくるのである。

灯台の入口に観光用掲示板と地図がたっている。それは日本のどこよりも悲痛な表情をした観光掲示板であり、地図である。力強い筆で「呼び返せ父祖の千島を、歯舞を！」と記してある。

冬の海風のすさぶノサップ岬に立って空の昏い海を眺めると「父祖《ふそ》の島」はすぐ目の前、叫べば聞えるようなところに見えるのである。一番近い島が一・五キロ先の貝殻島である。飛び交う海鳥がかくも自由に往来しておりながら、人間同士がしばられているとは……。

左手をあげて見ると、その北東の方向はオホーツク海で全面結氷《けっぴょう》している。このまま歩いて国後島《くなしり》まで行けるのではないかと思われるほどである。そのため国境突破を計画する人が時々いるが、成功しない。実際には氷の上に氷が重なり、凍った海は地上の平原とは実感を異にして厳しく、氷海にのまれてしまう。

右手の南西の方向からは太平洋の黒潮がおしよせてくる。襟裳《えりも》岬にそって弓なりに流れ、鰊のとれる厚岸沖をへてオホーツク海と対決する。ここで暖流は流氷と化し、大は氷山の偉容を示すものから、小は花粉ほどのものまで無数に海面に漂ってふれ合い、咬み合う。

その黒潮が冬のオホーツク海に敗北するところがノサップ岬である。海は波浪《はろう》の形をのこして凍っている。

私は国境の岬に立ちつくして午前中いっぱい氷海を眺めてすごした。

さすがにこの岬でも真昼はいくらかの暖かみがます。冬の曇った壁のような空からわずかばかりの陽がもれてきた。そのこぼれ陽が結氷した海の上にしずかに、しみとおるようにあたった。このスポットライトのために氷面はきらきらと輝く。海鳥の群がその光の中を飛び交っている。そこはそっくりバレーの舞台に仕立てられ野性の情緒をたたえていた。

その時である。死んでいたはずの黒潮がどっと流氷をともなって結氷の世界へなだれこんできた。瓦解《がかい》する音響のすさまじさに、私は思わず岬にしゃがみこんだ。あとからあとからと流氷の群は氷海にいどみ、川をつくって流れ込む。

これはこぼれ陽のような太陽エネルギーのなせる奇跡だろうか。それよりも人間の皮膚にはわからない春のきざしがひそかに結氷をゆるませていたのだろう。そこへ三月のすさまじい大潮の怒濤《どとう》がぶつかってきたのである。

野付《のつけ》水道付近は潮の流れが速くかつ鋭いので有名だ。漂流した船は助からないという。

オホーツク海の結氷期間は一月から四月までである。三月に入ると、凍死したかと見えた黒潮がかくも激しく何回か蘇生の息吹きをくりかえす。

さいはての岬の春のこと、ぶれは「梅に鶯《うぐいす》」などという本州のムードと質を異にする。自然までが生死をかける闘争で春にたどりつく。

骨のすみずみまで冷えきった私は灯台から部落の方へ引き返した。ここは家が三十軒ほど、約百人の村人が暮している。

ノサップの冬の部落は雪の牧場に放し飼いの馬の姿が見えるだけ。家の周囲も、道も牧場も木柵と鉄条網がはりめぐらされてあって、一そう荒涼として見える。雪原の

ノサップの部落。ここにも約100人の人が住んでいる

彼方から近づいて来た角巻《かくまき》姿の村人は、見知らぬ旅人に目を伏せて黙々と通りすぎてゆく。

私は知り人一人とているはずのない地の果の岬から根室への道をとぼとぼと歩み始めた。

雪路を三十分も歩いただろうか、背後からさわやかな鈴の音が近づいてくる。ふりむいて見れば馬橇《ばそり》である。私は手をあげて止めた。御者は中年の村人だった。歯舞まで帰るのだそうだ。私は頼んで乗せてもらった。

馬は活発な足音をたてて走り出した。

歯舞というとソ連領だと思っている人が多い。花咲半島の一つの村で、現在では根室市に合併（昭和三十四年）されている。この旧歯舞の村に属していた島々が歯舞諸島で、今はソ連領になっている。同じソ連領に色丹《しこたん》島というのはあるが、歯舞島という単独の島はないのである。

この見知らぬ親切な御者は実は漁師だった。このあたりの漁師はほとんど馬を持っている。夏の昆布を馬の力で海岸から作業場まで運ぶのである。

漁村歯舞は三月から鱒《ます》をとりはじめ、夏は昆布採集に全力をあげる。昔の三分の一も漁のなくなった今日では、この昆布の景気が花咲半島の生活を左右する。冬眠しているように見える漁家も、冬は網つくろいや、昆布とりの準備で結構忙しい。一方馬

冬のノサップ岬の牧場

の飼料のために牧草の堆肥《たいひ》をやるのも春にさきがける今頃だ。

　漁師の御者はむちをふりながら歯舞の暮しの話を聞かせてくれた。

「昔の歯舞は〝霧も濃いが情けも濃い〟といわれたものだ。四里はなれた根室の町へ買物に行く時は近所隣りの用件を集めて出掛けた。そんなことで村中の幸、不幸はみんなわかり、一つの親戚のような親しさがあった。今では買物は村の雑貨屋に何でもある。他所《よそ》からの人も沢山住みつき昔の情けはなくなった」

「………」

「情けが濃くて、漁が多くても昔の歯舞はみんな貧乏していた。今の方が生活程度はぐんと高い。やはり社会が進歩したせいかな。夏の漁の季節に働いていて失業保険をかけておけば、冬の半年は生活を心配しなくともよいし……」

馬橇は歯舞の村に近づいてきた。左手の流氷の海に突き出た防波堤が見えて来た。御者はむちの先でその小さな港を指した。

「今年の六月までに、黒潮の流れこむ港をこしらえるのだ。流氷をふせぎ、出来るだけ長く使って魚を取ろうとするのさ。魚市場も、冷凍会社もこしらえる計画になっている。春になれば、この歯舞も村から町らしくなるのだろう」

私はこの部落のバスの停留所前で、馬橇から下してもらった。

バスは遅延らしくなかなか来なかった。そのうち弱々しい太陽は夕闇の中にかき消された。ノサップ岬の流氷も、歯舞の漁師も切実に春を待っている。雪の曠野《こうや》の中に一人たって、薄暮の風に身をさらしていると私にも春を待つつらさがわかるようだった。

（昭和三十六年調査）

網走 ―北海道―

オロッコ族の祭典

網走

北海道網走支庁網走市

オロッコ族を訪ねて

オロッコ（ウイルタ）族やギリヤーク（ニブフ）族のごく少数が戦後、網走市に住みついていることはかなり前から知られている。この人たちは網走川のほとりで、三、四月ごろ「春をよぶ祭」をするのだという。

私はこの人たちにぜひ一度会い、この「春をよぶ祭」の写真をとってみたいと思っていた。われわれと同じ国籍を持ちながら、北アジア民族につながる唯一の日本人だからだ。

この人たちはどこに、どうして住んでいるのかわからないので、網走市役所の観光課あてに紹介依頼の手紙を書いた。返信用の葉書を同封したが梨のつぶてであった。

それでも三月のある日、「春をよぶ祭」を見るために漠然とした希望を持って網走へ旅立った。三月の網走はまだ真冬そのものである。暗いオホーツク海の流氷原から吹きつける風が肌をさすほど冷たい。

私は市役所の扉を押して庁舎に入った。そしてこのさい果ての町の観光課で知らされたことは、世の中に私をふくめていかに物好きが多いかということである。

オロッコやギリヤークの人に会いたいという希望者は、毎月何人かあり、今月は私で三人目、夏のシーズンだと毎日のように押しかけてくるのだそうだ。

市役所としてはこの少数民族の人たちを観光の対象にする考えはなく、したがってそういう好奇心には応じかねるということだった。この市政の方針に私は敬意をはらい、五円葉書の債権を取りたてる元気を失った。

居所だけでも教えて欲しいと頼むと、郊外にある市営住宅の地名をあげてくれた。

オロッコが市営住宅に住んでいるとは……。

市営住宅は網走市の西の外れで、網走川をはさんで有名な網走刑務所の対岸にある。三月の汚れた雪の上にマッチ箱をおしならべたように百軒近くたっている。

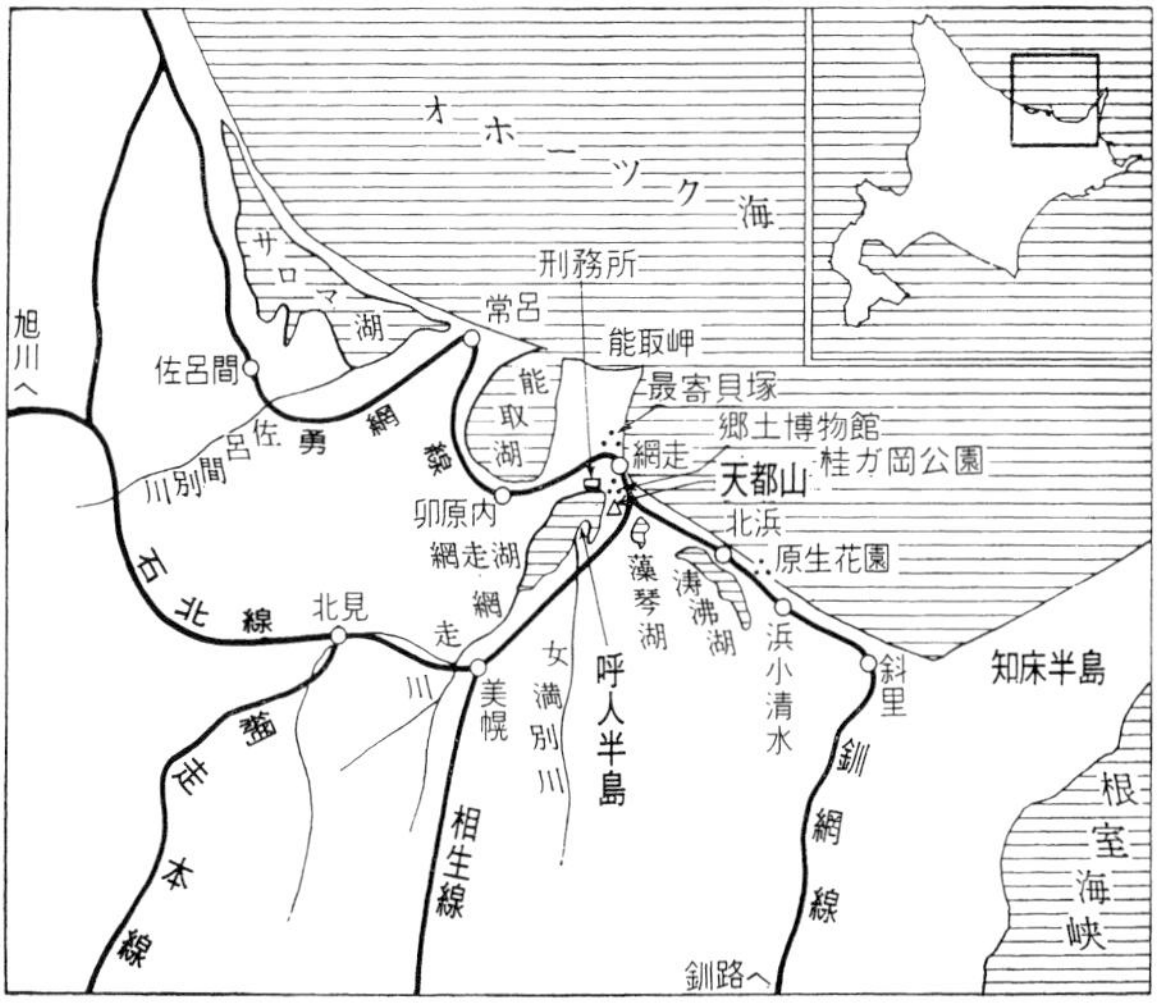

トントンぶきの木造家屋でどう見てもレンガ建ての刑務所が数等立派である。冬には川水の冷えが、夏には湿気が住む人たちを悩まさずにおかないだろう。

「すぐわかりますよ」

という観光課員の言葉は空しく、誰に聞いてもわからなかった。この言葉は私をていよく追っぱらうための思いつきの一言かもしれない。

私はトナカイの毛皮の外套《がいとう》でもかけてある家が窓ごしに見えないものかと、のぞいてまわったが、そんな愚かな探し方はやめてしまった。

彼らは言葉も生活もすっかり日本人として、家賃五百円を払ってつつましく暮しているらしい。凍土の上に獣皮《じゅうひ》張りの天幕生活の部落があるものと空想していた私は、とても写真になぞならないことがわかった。

私は誰一人知る人のない町で失望し、軽率な出来心の旅のいましめを味わった。

夕方にはこの町を離れることにした。その前に旅費のつぐないに博物館くらいは見物しておこうと考えた。

網走市の郷土博物館は先住民族のチャシとよばれる城砦《じょうさい》の遺跡の上にたっていて、現在は桂ヶ岡公園とよばれている。

頰の紅く、美しい受付嬢が愛想よく迎えてくれなかったら、ここも入口で断念したかもしれない。

厳冬の網走刑務所。この対岸に市営住宅がある

三十円の入場料で中を一巡した。文化国日本の冬の博物館は全国例外なく亜寒帯に属して寒い。剥製《はくせい》の鳥類や縄文土器にはその方が保養になるのだろう。

二階東側の一室に入った時、私は改めてこの小さな博物館の価値を知った。ここには北海道網走付近にかつていた先住民族で、世界のどこにも存在しなかった人々の骨や遺物がぎっしりと陳列してある。今日《こんにち》この人類史の波間に消え去った民族はオホーツク文化圏に属し、モヨロ族とよばれている。私はモヨロ族の石斧や貝の破片、埋葬された形のままの人骨を眺めていると、われら農耕民族の祖先とちがった人々が、かつてこの地に栄えていたはかなさを感じる。大和民族に同化する前にアイヌ族と対立して、敗北し消滅してしまったのだ。

そのモヨロ族の陳列室のはしの方に、私はオロッコ、ギリヤーク両族の陳列品を発見したのである。

私が市営住宅街で空想したトナカイの毛皮がここではガラス・ケースの中に実際にぶら下っているではないか。私は嬉しくなった。空想はみだりにしてみるものである。獣皮の手袋、ギリヤークの巫女《みこ》であるシャーマンが祈禱《きとう》に使う太鼓、オロッコ図案の手芸品、十体以上もある木彫の神さまなどぎっしりある。そしてその解説には「樺太ギリヤーク、オロッコ族の戦後将来したもの」と記されてある。

私は博物館長に会うことにした。受付嬢に館長への面会を申し込んだ。残念なことに館長は札幌へ出張して留守だった。明日は帰るかもしれないそうだ。東京からオロッコに会いにきたと用件をのべると、少女は
「ここへお入りなさい」

と彼女の部屋の中へ招いてくれた。博物館の中でたった一間、人間の住んでいるストーブに火のある部屋だった。そして彼女は、

「私の家のお隣りにギリヤークの小母《おば》さんが住んでいるのです」

と小声で教えてくれた。それでもこの人たちに会うとなると、博物館長に同伴してもらわないと駄目だという。自分たちがオロッコやギリヤークであることを他人に知

られたくないのだ。

私は滞在を一日のばすことにした。旅行はしばしば旅費がなくなったり、帰ろうと決心してから面白い世界がひらかれだす。

オロッコ族とは北方ツングース族の一支族で、沿海州のトゥムニン川、ハディ川、コピ川の流域に住んでいる。世界中でたった五百人（平凡社世界大百科事典による）ほどしかいないといわれる少数民族で、トナカイを飼い、これで全生活を支えている。その皮で天幕を張り、衣服、靴をつくり、肉を食料にする。骨でモリや釣針をつくって漁撈《ぎょろう》民族と物々交換をする。生活の移動運搬ももちろんトナカイによる。

昭和十年（一九三五）の国勢調査によると、南樺太にはオロッコ族が二百九十八人（五十六戸）、ギリヤーク族が百十人（二十八戸）、そのほかサンダー九人（三戸）、キーリン二十一人（四戸）、ヤクート（二人）と北アジア民族の存在を記している。この人たちは当時樺太土人とよばれ、ホロナイ川のシスカ（敷香）の町の対岸の〝オタスの森〟とよばれる地域に集められ、政府から保護を加えられて暮していた。南樺太がソ連領にかわった今日でも、オタスの森にはやはり住んでいるはずである。

私は翌日、札幌から帰ってきた博物館長に会うことができた。館長米村《よねむら》喜男衛《きおえ》氏はモヨロ貝塚を発見し、四十年以上もこの発掘をつづけてモヨロ民族をこの世にあらしめた人で、昭和三十五年には考古学、人類学に貢献した業績で、藍綬褒章《らんじゅほうしょう》をうけている七十歳の元気な考古学者である。

私は前記の国勢調査にならって網走にいるオロッコ、ギリヤーク両族の正確な人数と戸数を知りたいと米村館長に申し出た。

館長は、「さあ、そいつがわからない。オロッコとギリヤークの混血もいるし、さらにアイヌとの混血もいる。戸数だって三兄弟集まって暮していたかと思うと空中分解したり、出もどりしていつのまにか日本人の嫁さんになったりで」

それでも二人で系図をつくって丹念に数えてゆくと、両族合せて四十五、六人、十五、六世帯ということがわかった。釧路にもギリヤークが三人で一世帯住んでいる。

私は米村館長にごく普通に暮している一家に会わせてほしいと頼んだ。

まず、これが成功した。例の網走刑務所前の市営住宅、北向きの寒い家でルンペンストーブをたいて暮している女ばかり三人の家だった。三畳と四畳半の二間、食器棚には手製のテーブルクロスをカーテン代りにかけてある。その上に富山の赤い薬箱が目につく。汚れた壁には皇太子一家の幸福そうな雑誌の口絵写真が貼ってあった。形ばかりの仏壇はあるがラジオはない。中年の姉妹と、姉の娘だけの家族で、姉の夫は昨年五月アザラシを撃ちに行き、漂流して凍死した。今は女ばかりでどうして暮しているのだろう。

トナカイの毛皮を着用したオロッコの男

この一家は昭和三十一年にソ連領オタスの森から引揚げてきている。一九五六年のソ連は庶民生活も相当よくなっているはずである。なぜ日本への帰属をえらんだのだろう。姉の老女は口数少なく、

「神さま拝めません。けんかするとこわいでした」

という。つまり、ソ連領下ではオロッコもギリヤークも生産の仕事は狩猟や漁撈にかかってくる。ノルマだけ与えられてもそのための弔祝の祈禱や感謝の祭をいっさい認めてもらえないから、神さまに対して心苦しくて、生きてゆけなかったのだという。

また同じ氏族の大家族共同体の生活をしていると、女の人たちは井戸端会議に花を咲かせ、嫉妬しあい、あらんかぎりの力で口論して欲求不満を発散させる。今までこの波紋は一つの氏族の中でおこり、その中で蒸発していった。ところがソ連領下になって、けんかで激昂《げっこう》すると密告に走るものが出てきて、問題は氏族の中で収まらなくなってきてしまった。そのため女たちは口を閉じて沈滞した。狩猟民族の中には細胞化されたソ連の近代社会へどうしても適応できない人々がいるのである。だから日本の方が貧乏のどん底にいてもまだましだという。

姉はオロッコの刺繡でほそぼそとお土産品をつくり、妹は結核で安静生活、娘は場末の酒場へ働きに行っているのだそうだ。その家と別れる時、表札を見たら「木村」とか「佐藤」とかいうあたりまえの日本人の姓だった。

チャンチキとよばれるカラフト・アイヌの貞操帯をオロッコ模様で刺繡するオロッコ婦人

館長に連れられてつぎに訪れた市営住宅は停車場の真裏で、汽車のため雪までが煤《すす》けて煙くさかった。表札はやはり「山田」とか「高橋」とかいった姓、かりに「山田さん」としておこう。

山田さんの家のガラス戸を開けると、薄暗い中から若い夫婦が不安げに顔をむけた。ごく普通の日本人の風ぼうである。館長は親しい間柄とみえて遠慮もせず中に入った。三歳くらいの女の子があどけない瞳でぶしつけな客人を眺める。壁に貼ってある桃の節句の掛絵はこの子のためのものだろう。

館長は山田さん夫婦に「春をよぶ祭」のことを話しはじめた。昨年までは山田さんの父親が祭の司祭者になってやっていたのだそうだ。その父は今、結核で函館の施療ベッドにいる。

ほんとうは雪解けにする祭なのだが、私のために二、三日うちに出来ないだろうかという無理な注文だ。

「祭は自分たちのためにやるので、見せものではないのですが……」

「それでもせっかく東京からきて見学したいというんだからね」

館長は言葉をそえてくれた。山田さんは「見学」という言葉に苦笑した。その苦笑は悲しげに見えた。

「さあ、私一人ではできないし、神さまに聞いてみなければ……」

「うん、そうしてくれや」

館長は暗い部屋の中に立ち上った。私たちは煤煙《ばいえん》くさい市営住宅街を出た。

「お祭はやってくれるでしょうか」

「それは私にもわからん、神さま次第というのは皆の意志がまとまるかどうかだからなあ」

山田さんの家は代々オタスの森で巫覡《ふげき》、つまり男の行者をしていた。ソ連領下では生産せずして部落共同体に寄生する巫覡の生活は許されない。それで昭和二十四年に引揚げてきた。


博物館にある十数体の木彫の人形はいずれもオロッコやギリヤークの神々である。正しくは巫女や巫覡が目に見えない万物神の意志を知るための中間神で、神というより精霊に近い性格を持っている。中間神というのは、月ロケットにたとえれば、人工衛星の宇宙ステーションのようなものだ。これらの人型《ひとがた》の中間神は鼻筋が細く、頰の平べったい顔をしている。目に碧玉《へきぎょく》か青いビーズの玉を入れている。人は神をつくるとかくも巧みに己の民族に似せるものだろうか。神の衣裳はトナカイやアザラシの皮か、イナルル（柳の木の削りかけで、アイヌのイナオに相当する）である。

木村（仮名）さん一家が博物館に寄贈したウジフとよばれる家の神がある。熊の子

オロッコの中間神（網走郷土博物館蔵）

か河童のような顔つきで、三十センチほどの黒い木肌の全身が見事なイナルルでおおわれている。木村さんの主人がオホーツク海で漂流死した時、妻たちはこの不吉な神を家の中から博物館へ寄贈の形で送り出した。これは北アジア民族の「おくり」の習俗である。氏《ウジ》の家長や長老に不幸や災難があった場合、その神を焼いたり流したりして古い神を清算する。私は日本の田の神の「虫送り」や「舟玉《ふなだま》さま」を海に捨てる習俗を想い出す。

　オロッコは男女の双児の出産を忌み嫌う。双児が生れた時には双児神を川に流してけがれを払う。桃の節句に女の子のけがれを夫婦《めおと》雛にうつして流す年中行事は日本にも幾カ所かある。

オロッコの双児神（網走郷土博物館蔵）

「春をよぶ祭」の日は小雪のちらつく寒い日だった。祭は人に見られたくないというので、城砦《チャシ》の裏側で行なうとのことだった。オロッコの人たちは本当にきてくれるだろうか、私は心配だった。

午後になって山田さん一家が博物館に登ってきた。山田さんは背広にネクタイ、奥さんはツーピースだった。結核で安静にしていなければならない婦人もきて、五人になった。中には北アジア民族独特の平べったい六角形の顔をした人もいる。それがギリヤークの小母さんだった。

山田さんは雪の林の中から一本の樅《もみ》の木を切ってきた。女たちは小枝にいっぱいイナルルを飾り、青や赤の布切れを結んだ。

それからぞろぞろと二階のモヨロ族の

陳列室へ登って行った。みんなはこの陳列ケースの中からトナカイの毛皮の外套、手袋、帽子、オロッコの服などをてんでに引っぱり出して着はじめた。これには驚いた。なるほどどこにも「お手をふれないで下さい」などとは書いてない。飾って死蔵《しぞう》するよりは、祭にどしどし使うほうが確かに活きている。コスチュームができると、太鼓をたたくもの、鈴を腰につけて左右に振ってみるものなどにぎやかになってきた。私は廊下からガラス戸ごしに眺めていたが、この時オタスの森の世界がよみがえってくる気配を感じた。

髪にもはなやかにイナルルを飾ると、みんなはチャシの丘へ飛び出して行った。まるで野兎の行列のようだ。

まず雪の清らかな祭の場に樅の木をたてた。その根本にオロッコの春の季節神を結びつけた。木の下でトナカイの毛皮を着込んだ山田さんが巫覡《ふげき》の資格で神酒《みき》を受け、春の神にそそいだ。

雪の上に淡いたそがれのかげがさしそめてきた。その中で神酒まわしの儀礼がすむと、かがり火をたきだす。そして春の陽気を季節神に促進させ、川に生産を祈る踊りが始まった。樅の神木をかこんで太鼓や鈴を鳴らし、イナルルを両手で振って踊る。

遠くから眺めているとクリスマス・イブのようにも見える。キリストの生れた暖国イスラエルには聖夜に雪が降ったり、トナカイの橇《そり》でくるサンタクロースなどいるはずがない。おそらく後世キリスト教が北ヨーロッパを教化する時、民間信仰を払拭しきれずに取り入れた習俗であろう。春を迎えるための聖樹は日本の門松をはじめ、朝鮮、中国から広く北アジアを通じて北ヨーロッパまである信仰なのだ。オロッコの人たちも今まさにその祭をしているのだ。

網走の冬の日暮れははやい。凍った雪の上に赤い焚火をいっそうもやした。人々は雪と炎の中で興奮し、踊り、太鼓をたたき、腰を振って鈴を鳴らす。この人たちにとっては踊ることが祈ることなのだ。全身の力をふるって神がかりせんばかりに舞い狂う。その時一団の突風が吹きつけると、焚火の群をさらって樅の神木にぶつかった。あっというまに春の神のイナルルに火がつき、一瞬にして聖樹は火だるまになった。踊りの輪は崩れた。

火はその場で簡単に消されたが、踊り手たちは神さまが丸焼けになったのでみんなしょげてしまった。

「やっぱり罰が当ったんだなあ」

と一人がつぶやけばだまってうなずくものもいる。この祭を他人に見せたり、写真に撮ったりすることをおそれつつしんでいる人々なのだ。それでも山田さんは私の顔を気の毒げに見上げて、

「写真を撮るならもう一踊りしましょうか」

と言ってくれた。しかし私はことわった。五人のうち二人はまったく踊れない。それに結核の女はしきりに咳をしはじめた。おそらくいくらでもない謝礼が目的で参加したのだろう。私もみじめな気持になった。そしてこの人たちの信仰や生活をそこなったという悔恨《かいこん》が寒さよりもきびしく胸をおそうのだった。

さらにこの祭の写真を撮っても、祭が本物かどうか私は判断に苦しむ。今日のこの祭は彼らの信仰のためのものだろうか。その信仰は今日では彼らの生活や生産とはすでにつながりを失っているのではなかろうか。

たとえば今この人たちが着ているオロッコの衣裳（正しくは、彼らが毛皮と交換に満州族からもらったもののひきうつし）は博物館の陳列品で、彼らの日常着ているものではない。その意味では平安朝の風俗を再現する京都の葵祭《あおいまつり》だって同じことだ。今日京都の人は葵の葉が街を清めるという信仰を持っていないし、みやびやかな衣裳を着て歩いているのはアルバイトの大学生諸君だ。

オロッコの祭といっても実際にはギリヤークの小母さんがまじって太鼓をたたいていた。オロッコとギリヤークはオタスの森では半世紀前から雑居と雑婚が行なわれ、両者の固有な文化は過去の文献が伝えるのみである。二十世紀のオロッコはトナカイすらも失って生活しているという。外来物を遠慮なく借用し、伝統を切崩していくのも文化の進歩である。その意味で人間生活の中から観念的な純粋を得ようということ

（左）太鼓を持ったギリヤーク系の婦人
（右）春の祭を始める前に司祭者は神酒をうける

聖樹をかこんで行う北方民族の春を迎える祭

は、かえって現実と遠いものになる。

　非常に不完全ではあるが、今日われわれが日本の国の中で北アジア民族の祭を見ようとすれば私の経験したことが唯一の窓なのだ。これ以外、北アジア民族を知るどういう方法があるだろうか。この祭を通じてはっきりしていることは、彼らがおのれの民族の神を信じていることだ。

　祝祭に失敗した彼らは夜の雪の丘から闇の中へ消えて帰って行った。私も米村館長の私宅を訪れて礼をのべた。米村館長はこんな話を聞かせてくれた。

「おそらくオロッコの人たちは今夜は神へつぐないの祭をするのでしょう。灯を消した真暗な部屋の中で何時までも頭をさげている祭だそうです。私も見たことがない」

　ああ、それこそ私が写したいと望んでいる本当の祭なのだが。


　網走のオロッコの人たちを今や少数民族というのは当らない。この人たちにはもう民族意識はないようだ。アイヌのように集落をなして住み、固有の文化を観光客に誇示する気持もない。ひたすら日本人の中に埋れてゆくのを待っているのみである。

　それにしてもこの人たちの悲しさは資本主義社会の生活になかなか適応出来ないことである。米村館長夫妻がどんなに力を尽しても月給生活や貯金が出来ないのである。誰かがもうければ大勢やってきて無くなるまで居食いしてゆく。これでは狩猟時代の

ノトロ湖の冬の魚とり

生活と同じである。

翌日、私は網走の町をはなれた。「春をよぶ祭」の写真が撮れてうれしかった。がオロッコの人たちのことも思い出さずにはいられない。汽車の窓から北海道の雪の原野を眺めていると、むしろ私のうれしさなどは消えてゆくようだ。

この人たちは今後どうして生きてゆくのだろう。冬は男たちがアザラシを獲りに行くが、他の季節は日雇や土工をしてその日暮しである。焼酎ばかり飲んでいるものもいる。こうして生活の無秩序と貧困が彼らを一人、二人と結核においこんでゆく。十代の若い二人だけが運転手と看護婦さんの資格を得た。が、四十代の人々には近代社会のこの巨大な機構の前に萎縮《いしゅく》と自棄《じき》があるのみだ。おそらくは大和民族に同化する前に消滅するだろう。

千五百年前に亡んだモヨロ族の後をたどった米村博物館長は、ここでもオロッコ、ギリヤーク両族の人々の将来を見守る役目を果すのだろう。

（昭和三十六年調査）

恐山 —青森県—

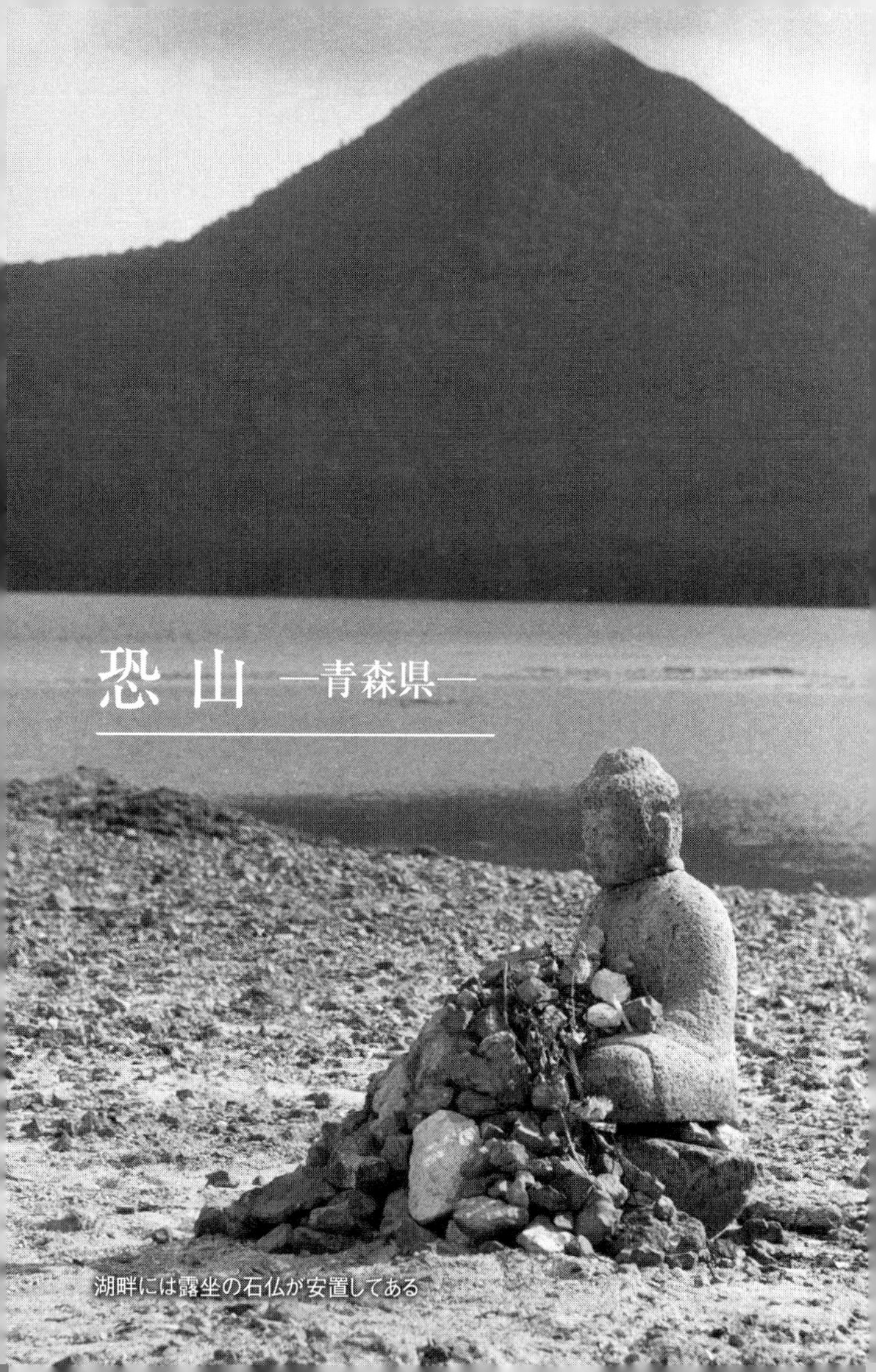

湖畔には露坐の石仏が安置してある

恐山

死者に会える？　巫女市の実態

青森県大湊田名部市

青森県下北半島の恐山《おそれざん》に登ると死者に会える？　この話題に興味を持って東京から出かけていく人も多くなった。

死者に会える日は一年のうちたった五日間で、七月二十日から二十四日まで、恐山頂上にある円通寺というお寺の地蔵講の祭日である。

お地蔵さんは境界にたつ守り仏で、村の入口や辻に立っている。それと同じく生者と死者の境の仲立ちをしてくれるという信仰があり、地蔵の講の日にお参りの人が多い。

恐山に行くためには国鉄東北線野辺地《のへじ》駅で大湊・大畑線にのりかえ、田名部《たなぶ》駅下車、祭の期間中は頂上までひっきりなしにバスが通っている。

恐山は高さ八二八メートル、頂上の旧火口に静かな湖水を持った死火山だ。この死火山に数万人のお婆さんが登ってきて、円通寺《えんつうじ》境内の地蔵堂のまわりにたむろしているいたこのところへ行く。

いたこというのは東北地方にいる盲の巫女《みこ》である。巫女といっても神社に勤務していた緋の袴《はかま》をはいている巫女ではなく、農村に住み、農民相手に探し物の方向判じや牛の病気の祈《き》禱《とう》をして暮している。正月十五日には「おしらさま」とよばれる桑の木でつくった男女二体の人型の神を遊ばせて、一年間の託宣《たくせん》を村人に伝える。いたこは非常に長い文句を語って聞かせる能力を持っており、この暗記力は盲の女性が生活しなければならない一つの武器であるのだろう。

　夏の恐山にはこのいたこが上、下北地方、西、南津軽平野から三十人くらい集まってくる。田舎の婆さまそのままの陽に焼けた顔で坐っている。死者に会いたい人は、並んだ八卦《はっけ》見《み》の前に坐る要領でこれぞと思う巫女に五十円出す。するといたこは獣の牙のついた黒い数珠をすり合わせながら唄いあげるようにして仏《ほとけ》降《おろ》しの呪文をとなえる。その見えぬ目をつ

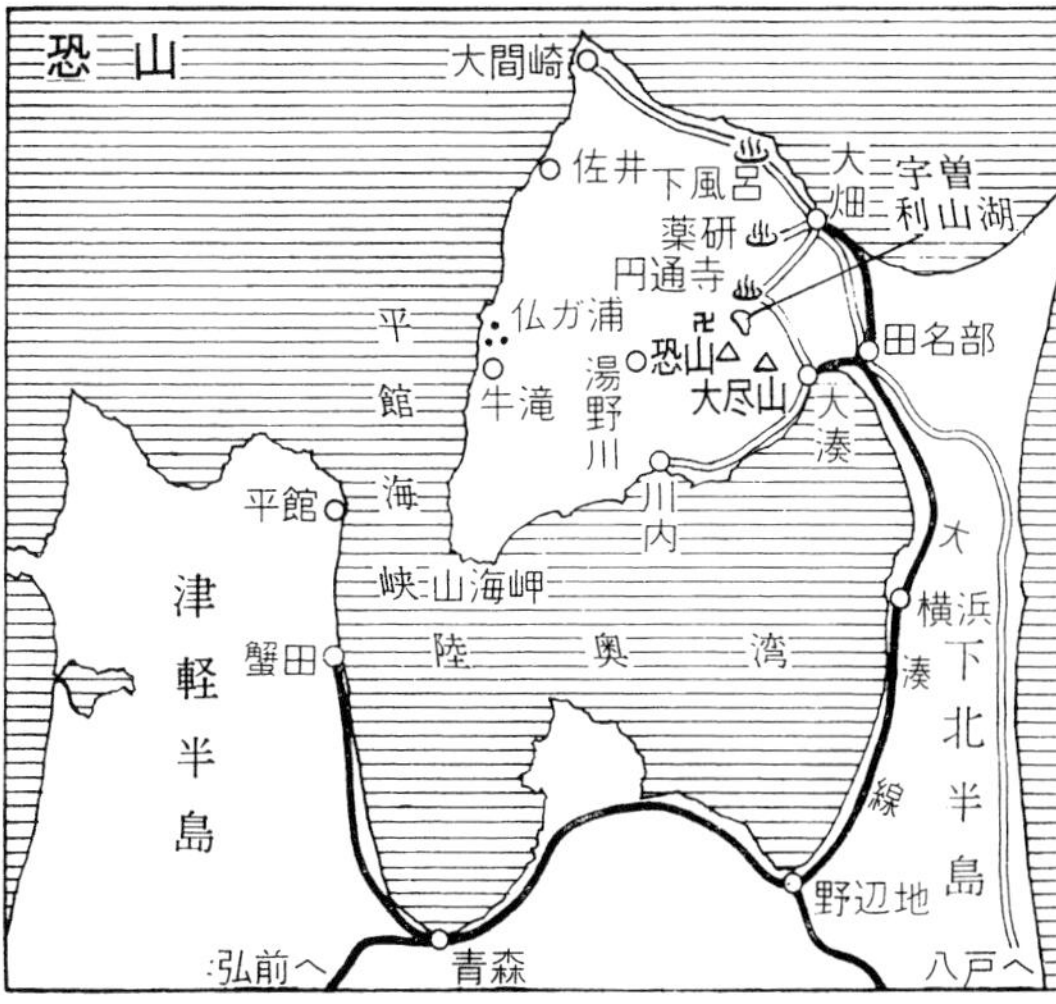

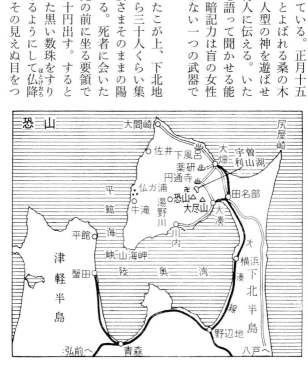

ぶり、顔を天にむけて悲しげな節まわしである。

「はあー、えー、極楽のこいじの枝には何がーなるよー、南無阿弥陀仏《なむあみだぶつ》の文字がなるよー」

この文句をとなえながら、巫女は神がかりに入るのだが、現在の恐山では形式化して口切りの儀礼とみた方がよい。いたこはその時死者から受ける霊感によって死者の性別をあてるのだが、半日も巫女のそばに坐って聞いていると、必ずしもあたらない。ただ大切なことは、あたらなくても巫女が少しもあわてないことである。全くあたった時と同じ平然たる調子で
「うんだ、女だべなあー」

と訂正する。予言者や託宣者になれる第一の資格はまずこれである。この指導者原理で大衆を引っぱってゆく。ついで年をあてる。赤ん坊とか、婆さんとか、あるいは十七、八歳とか四十二、三歳とか。これもあたったりあたらなかったり。

ここまできまると悲しい節をつけた祭文をしずかにとなえだす。祭文は死者自身の言葉で、いつも第一人称である。つまりいたこは死者自身になり、逆に言えばいたこに死者の霊がのりうつり、あの世を遍歴する哀れな旅の物語を聞かせだす。といってても東北の名調子で、青森、岩手、秋田県あたりの人でないとちょっとわかりにくいズーズー弁だ。また言葉としてわかっても節をとおして文脈がわからない。実はこのわ

正面は恐山円通寺の地蔵堂、この屋根のひさしをかりて巫女市がたつ

かったような、わからないような要領が死者の語りとして大切なのだ。

「はあーやー、花の水あがれすずよー。

(死者を呼び出す仏降しの呪文、私には意味はわからない)

　親神さまよ、今日も本山《ほんざ》の社《やしろ》まで呼ばれてくれて有難きことだべば。われもこの娑婆にいる時は、親のおかげで蝶や花にみそなわれて、器量形をうけてこの世に栄えたれど、運が悪し、世もしかたなし、親の薬も医者の養生《よじょ》もかなわぬ短い寿命なれば、今では死出の山、三途の川、一人で渡りそめて後先みてもつれない有様なれや。

　四十九日たてば仏の位うけて水の音きけば親だべか、風の音きけば兄弟だべかと走りまわってききたち、訪ぬれど地蔵

いたこの持っている数珠。「またぎ」という狩猟部族からもらった獣の牙を悪魔よけにつけている

さまのみで答えるものとてもなき……。（中略）

母神さまよ！　われも娑婆《しゃば》にあれば今頃は夫婦もとめて親になっているものを、子宝までもあるものを、こんな仮の姿かけてくるとは情けなや。母神さま、われに別れても血の涙さげて慈覚大師《じかくだいし》さまに手を合わせて一年に一度でも、二年に一度でもお花をもってきてくれれば、われに功徳《くどく》なるべし。石一つでも高くつんでくれれば、わが身のためになる次第でござる。

何ほどこの娑婆は恋しじゃないか、と思っても今は会われるわけはなし、兄弟さまよ、われにかわりて父に孝を尽してや、母に孝を尽してや、この世を暮してくれるべし。

今日は久々に本山《ほんざ》の社で母と対面、七日の喜びで立ち帰りゆくや、もとの社《やしろ》さ、お

仏降しの祭文を語るいたこ

くらせ申せ……ムニャムニャムニャ……」

これは十九歳で死んだ娘の霊の語りである。この祭文《さいもん》を聞いている母親たちは、「母神さまよ！　われも娑婆にあれば今頃は夫婦もとめて親になっているものを、子宝までもあるものを……」のくだりにかかるといずれも涙を流す。

「兄弟さまよ、われにかわりて……、母に孝を尽してや……」という殺し文句にいたると声をあげて泣く。その号泣はあちこちに連鎖反応をおこす。巫女の祭文の声と数珠をする音、数十人の農婦の泣き声が白昼の火山灰地に反響して、死火山の頂上は全く異様な光景となる。

祭文を語る口調は悲哀にみちている名調子で、よどみのない相当なスピード、一人で八分から十分くらい、私は祭の日の四日間、朝も晩もいたこのそばにつききって録音をとった。三つの子供なら賽の河原で石を積みながら鬼にいじめられる話、戦死した息子なら死霊が海底でさまよいながらなおかつ生きている母親の身を案じる話、老いた実母が嫁に行った娘の婚家の苦しさをなぐさめる話、いずれも悲しい詞章を第一人称で切実に語りだし、描写するのである。これこそ庶民の生活に徹した叙事詩だ。

祭文はいたこによって個人差や系統の別があるようで、一人で八つから十四くらいの種類を知っているようだ。性別と年齢によって、神秘的に考えれば、その時のインスピレーションでどの型をつかうかきめるのだろう。盲人特有の勘が働くことも十分考えられる。

いたこの周囲に集まってくる人は九十%以上が四十代から年上の農村の女性である。男性は一%もないだろう。東北の米作単作地帯の中にあって暮して来た女性が対象になると、いたこが祭文をえらぶケースは限定されてあまりむずかしくはなさそうだ。五十代で死んだ男なら彼女の主人だろう。二十二歳の男なら戦死した息子の祭文を出してみる。まちがっても姑《しゅうと》さんの霊など飛び出したりはしない。

いたこの口誦はケースごとに同じだが、聞く方が主観的にこの長い祭文の中から死者への愛慕の句を聞き出し、心の中でつづり合わせるのである。だから祭文を語り終えると、農婦たちは涙をふきながら、

「死んだわが子にちがいない、声までそっくりだべなあー」

ともらす。これを聞くと、私は言う言葉を失い、どうにもしようがないものを感じる。

いたこの中にもあたって繁昌するもの、暇で昼寝しているもの、さまざまだ。あたるものは祭文の口誦がよく出来ていて、その身振りも説得力を持っている。つまり名優の要素がある。古代において巫女とわざおぎの関係の深かったことをまざまざと感じる。

いたこが女優なら、火山灰地の中の円通寺は地獄極楽の立派な舞台装置を持ってい

恐山の全景。蓮華八峰の火口壁にかこまれて、中央に直径４キロの湖水がある

る。このいたこに泣かされた女たちは、それだけで自分の気持をおさえることが出来ず、御詠歌《ごえいか》をうたいながら賽《さい》の河原を通り、湖畔に出る。そこで対岸の原始林にむかって亡き子の名前を絶叫するのである。このやるせない声はこだまになって女たちの胸に返ってくる。叫びに叫んで女たちの気分はやや静まる。湖畔には露坐《ろざ》の石仏が幾つも安置してあり、石仏をふし拝むことによって心はおさまる。そのためかこの永遠の火山湖は「極楽の浜」とよばれている。

　私は東北の農村の女たちが恐山に来る気持がわかる。村落社会のきびしい共同体の中にあってやり切れない孤独感、絶望感は死者を追慕するという形

恐山で地獄めぐりをする人々

でいやされるのである。「うんと泣けます」という広告を出す母もの映画を見に行くのと同じ心理だ。この女たちの哀れな気持を誰よりもよく知り、なぐさめ語りかけてくれるのが、農村の中にあって盲の人生を歩いてきたいたこの婆さまたちに外ならない。自分たちの心理をしっかりととらえてくれる点では「あたっている」といえよう。反面、村の共同体の絶望的な女の悲しみを知らない都会生活者にはわからないし、いたこの詞章があたるはずもない。

円通寺といたこの間には特別な関係はない。寺側は一日数十円の宿泊料をとるほかは全く干渉しない。江戸時代東日本各地をくまなく旅をし、恐山にも登った菅江《すがえ》真澄《ますみ》（一七五四―一八二九）の記録に巫女市は出てこない。当時の民家の生活、行事に筆を尽した「真澄遊覧記」に現われないことは、十九世紀の中頃にはまだなかったと見てよいだろう。

しかし、恐山に登れば死者に会えるという信仰は古くからあった。それは地蔵堂の内陣におさめられてある木彫の千体仏に由来する。高さ二十センチほどの小さな仏さまがぎっしりとつまっている。この顔を一つ一つ丹念に見てゆくと死者にそっくり似たのがあるという。私もローソクの光をたよりに木彫の粗末な仏像をのぞいて見た。今はガラスがはまっているが、手垢がいっぱいついている。かつては死者に似た顔の小さな仏をなでまわした農婦の群がいたのだろう。地蔵堂のひさしをかりた巫女の魅

円通寺境内にあるひなびた温泉。親しい気分で入浴する農家の人たち

力に数万の人々がおしかけてくるようになったのは、それからである。

円通寺の広い境内には五つのひなびた温泉風呂がある。古滝の湯（七十八℃）、冷抜の湯（九十三℃）、薬師の湯（八十六℃）、花染の湯（八十八℃）、新滝の湯（九十二℃）でお湯の温度はかなり高い。

温泉風呂は小屋建ての素朴なもので、参詣人は誰でも昼夜の別なく自由に入れる。全館男女混浴だが、入浴者はお婆さんばかりだからわれわれのおふくろや祖母さんたちといっしょに入っているようなもの、人魚の世界に遊ぶムードとはほど遠い。それでもさびた声で上手に数え唄をうたって湯たきにあたっているのを、月明りのさしこむ湯ぶねの中で聞いていると、都会のものでも疎外された人間の輪廓がだんだんともとにそなわってくる気がするのである。

一風呂浴びた農家の人たちは夜になってもなかなか寝ようとはしない。みんな境内で円陣をつくって盆踊りをはじめる。東北各地の有名無名の盆踊りが数限りなく開かれる。夜ふけてたたく太鼓の音がさえると、唄い手、踊り手は熱狂的になってくる。内側の輪と外側の輪が二重になるもの、二手にわかれてかけあいになるもの、さまざまである。死者との心理的な邂逅《かいこう》の後、解放された姿なのであろう。

恐山の祭の終った日、私はよくあたるという評判の巫女の後をつけた。年は三十歳くらい、一番若いいたこである。全盲ではなく、いくらかは見える人らしい。彼女はバスに乗り、汽車に乗りかえ、安宿に泊り、日本海岸側の鰺《あじ》ヶ沢《さわ》という淋しい駅で下車した。それから一日何回としか通わないバスに乗って岩木山の西側の麓の芦萢《あしやち》という部落の中の農家に帰って行った。

私もその後を追って訪ねた。家の中に入った彼女は十六人家族の次男の妻だった。明らかにいたこをふくむ全家族の者は意外な訪問者に不審で、不安な目をむけた。私がいたこの話をさまざま聞きたいとつげると、彼女は困惑したのだろう、顔をふせた。その表情から読みとったのは、一家の中の弱い妻の座だった。あの恐山の、顔を天にむけて朗々と祭文を口誦した面影はどこにもない。姑や小姑、兄嫁にかこまれた一羽の雌鶏《めんどり》である。夫は人のよさそうな大工だった。夫婦には可愛い二人の子供があるこ

大畑の浜にほされたスルメイカの風景。秋と夏にはイカのカーテンがはられる

とを知った。

彼女はこのあたりでもいたこ、いたことして時には頼まれるらしい。自分の小さな部屋に祭壇のようなものを持っていた。板壁の貧しげな床の間にはすすけたお札が貼ってあった。そしてちびたローソクや黒い数珠、桑の木でつくった一メートルほどの弓太鼓がおかれてあった。弓太鼓をたたけばびんびんとにぶい音がする。この音は人を催眠術にかける不思議な力を持っているといわれる。彼女は農家の妻や年寄の女たちの訴えをきき、これらの呪具で心をやわらげてやるのだろう。目の不自由な次男の妻が岩木山麓で生活の場を持とうとすれば神ごとのほかにどんな働きが出来るのだろうか。これ以上彼女の部屋をのぞき見するのは心苦しくなって、十六人もの大家族が住む家を去った。

バスはない。私は鰺ヶ沢の駅までとぼとぼと歩いた。

（昭和二十八、三十四、三十六年調査）

西馬音内 —秋田県—

盆の迎火

秋田県雄勝郡羽後町西馬音内

西馬音内《にしもない》

異様な美しさを残す盆の行事

西馬音内と書いてニシモナイとよむ。ナイとはアイヌ語の川だ。この町にも清らかな川が流れている。

このむずかしい地名の町へ入るには奥羽本線湯沢駅で下車、羽後交通の可愛い、時代おくれの電車にのってのんびりゆく。旧盆の頃にはもう羽後平野には見事な秋田米の稲穂が黄金の波をうっている。約三十分で西馬音内につく。今は町村合併したため羽後町の町役場所在地となっている。

物静かな、古いたたずまいの残っている町だ。初めて訪れる旅人でも心の安まる思いがするだろう。それに夏といっても日ざしの激しさがなく、風が涼しい。

私は昭和三十五年の夏に訪れたこの土地の盆をどうしても忘れることが出来ない。日本のどこを旅していても盆の季節に入ると必ず西馬音内を思い出す。その異様な美しさは真夏の夜の夢といえるほどだ。

西馬音内に盆の気分が立ちはじめるのは八月十一日（新暦）ごろからだ。この日、町のメインストリートに盆市が立つ。盆を迎える人たちは祖霊へお供えする夏の稔りのさまざまなものを買いととのえる。村のお婆さんたちが沼にはえる真菰《まこも》であの世からお精霊《しょうりょう》さまを迎えてくる馬をつくって家毎に売ってあるく。西馬音内の馬には馬子がついているのが珍らしい。精霊迎えの馬というよりは田の虫送りの平《たいらの》実《さね》盛《もり》さんとその馬と見なした方が近いようだ。一セット五十円から百円くらいだが、最近は昔ほどに売れない。軒なみに買ってはくれないという。

「うちの先祖さまは今年からハイヤーで来るからなあー」

といって若い者が冗談まじりに断わるのだそうだ。それでも古びた裏通りの板《いた》塀《べい》にぶら下っている馬子と藁馬にお目にかかると、東北人のユーモアが感じられて嬉しくなる。別に風俗の害にもならない稚気《ちき》あふれる習俗は、人をして童心の善にかえらしめるものがある。

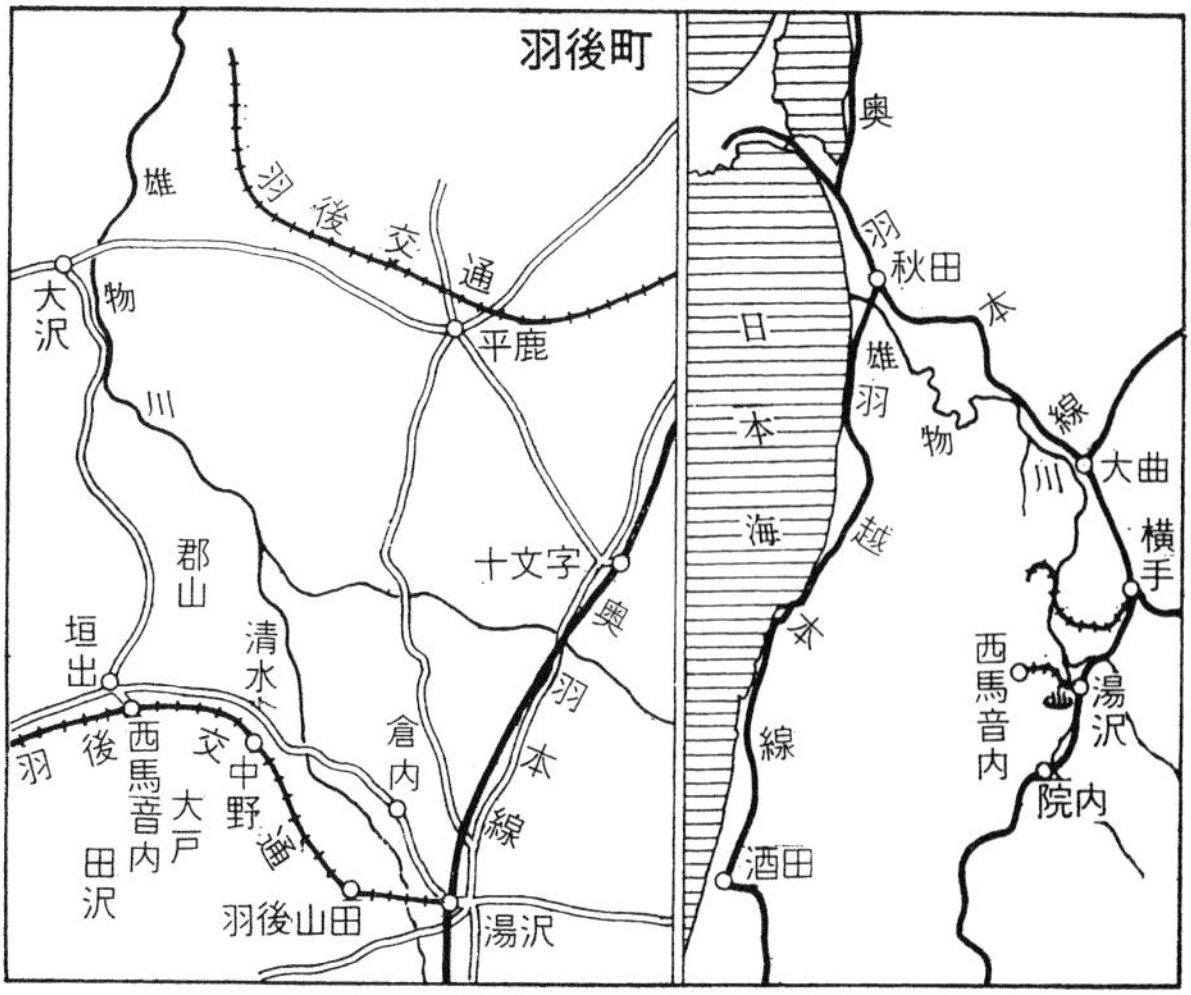

家の中でも仏壇をきれいに洗い清め、さまざまなお供えをする。桃、なすび、きゅうり、とうもろこしなどの夏の収穫物を米の粉でつくったもので飾る。これもどうみても子供の世界のおままごとの材料だが、お爺さんお婆さんはじめ一家の人々がみんな真面目にやるのだから楽しい。

そうして八月十三日の夕刻を迎える。一日の仕事を早目にすませると、本家の主人は自ら分家を一軒のこらず出回って先祖の墓まいりをすることを告げる。

こうして一族のものは一人のこらず本家に集まる。

東北地方の農村は本家、分家の関係がはっきりし、つながりが強い。長男が代々本家をつぎ、次男、三男は分家する。そして本家から土地を分けてもらい本家に隷属《れいぞく》する型で一族の共栄をはかる。西馬音内という町は雄勝平野の穀倉《こくそう》地帯の地主たちが集まり、その農作物の集散地として出来てきた町である。だから町は街市の景観をなしていながら、性格は東北の農村の型をそのまま発展させている。この本家、分家のつながりは西南日本の太平洋沿岸の村々が年齢階層の指導原理に貫かれているのにくらべて、異なったベクトルを持っている。それが正月とか盆の年中行事、あるいは婚礼、葬式といった通過儀礼の時かなり強く表面に出て来る。

人によってはこの本家、分家の関係を封建性の〝きずな〟とみているが、功罪は別として、西馬音内の盆の墓まいりは異観である。一族の族長が袴《はかま》をはいて白扇《はくせん》をさし、

お精霊さまを迎えてくる馬子と藁馬

先頭に立って墓地に現われる。家族の女たちや家の子郎党がその後に従ってくる。「××家先祖累代の墓」と墓石のある前には盆棚がくまれてある。家の子たちは大きな蓮の葉を一枚ひろげ、赤飯、野菜の供えものをおき箸をすえる。そして樺《かば》火《び》に火をつけて一同がしばらく黙禱《もくとう》を捧げる。本家の墓参がすめば、次々と分家の墓をめぐるのである。そのような行列が、墓地の木立ちに闇がせまりゆくなかで黙々と行ききする。

　中には年老いた未亡人と爺やの二人きりという行列もある。墓参のために女あるじは髪を古風に結いあげ、紋服をまとっている。お供の爺やは墓への供物を定紋つきの紫色の風呂敷でおおいかけて目八分の高さに捧げてついてくる。心なしか老女の緊張した顔はさびしく、家系がまさに絶えんとする没落の家だろうかと私は空想する。

夕べになれば、家には門口で迎火をたき、静かに先祖の訪れを待つ。

こうして西馬音内の町はどの家も本家の統制と威厳によって盆の祭がしずかに行なわれる。

五日間の緊張期間を待って、八月十六日から亡霊が現われるという西馬音内の盆踊りが行なわれる。

十五日頃から町のメインストリートに櫓《やぐら》がたつ。西馬音内のものは踊りの輪の外にくまれ、櫓の二階とその家の二階とは通じあうようになっている。つまり櫓を舞台にすれば、家の二階はその支度部屋の役目をするわけだ。最近では盆踊り見物の観光客がくるため、櫓の向側に桟敷が出来る。メインストリートの中ほどには二、三十メートルほど間をおいてかがり火が焚かれる。

十六日の午後六時頃から寄せ太鼓が打たれる。音頭《おんど》が始まると浴衣を着た子供たちが鬼や月光仮面のセルロイドのお面をかぶって現われ、太鼓のリズムに合わせて踊りだす。音頭の囃子《はやし》は大太鼓、小太鼓、三味線、すり鉦《がね》、笛など、それに若い衆、年寄り、男女をえらばず、地口《じぐち》、甚句《じんく》の名人たちが唄いはやす。三百人をこす子供たちがかがり火をかこんでにぎやかに踊り午後九時頃になると、盆踊りは少しずつ様相をか

西馬音内の盆の墓まいり。本家の主人が先頭にたって一族をひきい、本家分家の墓を次々とまいる

えてゆく。

町の暗い横道や路地に、黒い覆面の男とも女ともわからない人影が、一人、二人とたたずみだす。そしてじーっと踊りの輪を闇から眺めていて、リズムのきりを見つけるとさっとこの輪の中に加わって踊る。

振りの大きな、手首や足先の白く浮く不思議な踊りである。顔をおおった黒いマスクが夜の暗さにとけて顔のない、同時に性別も年齢も名前も消してしまった踊りである。ただ端縫《はぬい》とよばれる赤や紫の端布《はぎれ》をつづった衣裳や、赤くたれた帯のみが派手にゆれて目立ち、かえってこのアブストラクティブな表現が現実の世界を遠のかせてゆく。私は道ばたに立って息もつかずにこの真夏の夜の夢に魅せられる。

この黒いマスクは、西馬音内では「彦三頭巾《ひこさ》」とよばれている。芝居の黒子のかぶる頭巾に似ている。両方の目のところは細く穴があいているが、外見からは黒い瞳があるためによく見えない。むしろ目と目の間に黒ボタンをつけているのが光って、一つ目小僧のようだ。踊り手はこれに手拭の鉢巻をして現われる。今ではどうしてこの不思議なマスクが西馬音内にあるのかよくわからない。江戸時代に旅回りの役者がかぶって踊ったとも、土地の地主の彦三という粋人が江戸の芝居見物でヒントを得たともいわれる。

しかし私は、島根県鹿足《かのあし》郡津和野町の盆踊りはこの古風な形で、男たちがするお高《こ》祖《そ》頭巾の覆面が彦三頭巾に関係あるのではないかと思う。今は消えたが、鹿児島県始良郡の疱瘡除けの踊りが彦三頭巾に似ていた。また佐渡ヶ島相川町の塩釜神社蔵の盆踊り絵馬（裏に文政四年辛巳の記録がある）にもお高祖頭巾風のかぶりものをした踊り手の絵が見える。おそらく彦三頭巾はその名は別としても、西馬音内のみに限らず日本の各地にあったのではないかと思われる。

この黒いマスクの踊り手が夜の九時をすぎると、かがり火の中から現われるように、ぞくぞくとふえてくる。私がきもを奪われて眺め入っていると、横からぽんと肩をたたかれた。ふりむけばそこにも亡霊のマスクがいるのだ。私はまるでフリーメーソン

「彦三頭巾」とよばれる亡者の踊りのマスク

の世界にまぎれこんだほどびっくりして首をちぢめた。そのマスクは可愛い声で笑った。宿の娘さんではないか。彼女はその瞬間、飛鳥のように身をおどらせて踊りの輪の中に入っていった。

西馬音内の盆踊りには秋田音頭に似た「地口」と甚句の「がんけ」の二つがある。地口は明るい気分の踊りだが、「がんけ」はメロディも哀調をおび、踊りは一抹の凄味を持っている。彦三頭巾がその中世的な亡霊の味を出すのは「がんけ」踊りの時である。かがり火の炎につき出した十本の指が白く骨だけに見え、踊りのリズムに流す体つきや手先が実物より大きくデフォルムされて見えるのである。

土地の人はこの踊りを亡者踊りとよんでいる。祖霊がこの世にかえってくるのとともに亡霊もまぎれこんでかえってくる、その亡霊をなぐさめるための扮装であるという。

「がんけ」は午後十時をすぎるとますます凄味を加える。このころバスで来た観光客が桟敷の席をたって帰ってゆく。それを見すごして五十代に入った練達《れんたつ》の町びとたちが踊りに加わる。観光客のために踊るのではない。自分自身のために踊るのだ。この一夜を踊って踊って踊りぬいて身も心も盆の夜に蕩尽《とうじん》する人たちである。

彦三頭巾の亡者ばかりでなく、編笠をかぶった鳥追姿の女性の群も現われる。この方が西馬音内の盆踊りとしては彦三頭巾よりも古く、もとの形だそうだ。佐渡の盆踊

櫓の下でかがり火をかこんで踊る西馬音内の盆踊り

りと同じ鳥追のコスチュームだったのが、江戸時代に突然変異をおこして彦三頭巾が流行しだしたらしい。編笠に鳥追姿の人たちは今でも古式の格調をたもって正確に踊り、その振りを次の時代に伝えようとしている。

こうして盆踊りは八月十六日から十八日までの三日間行なわれる。十八日の最後の夜、正確には十九日の未明まで町びとは踊る。

最後の夜の盆踊りは夜の十一時頃から最高潮にはいる。かがり火と月の光を全身に浴びて踊る人は千人以上、櫓の太鼓や笛の音はいっそうと冴え、この小さな町の巷のすみずみまでも聞える。「地口」や「がんけ」の唄の文句には即興が入って、ユーモアと風刺に爆笑もおこる。こうなると民の心は神の心で、盆踊りは天下無敵の強みになる。夜の十二時をすぎると、盆踊りの輪は内にかがり火の炎を、外に月の光を浴びて興奮をかきたてる。刻一刻と囃子はリズムをはやめ、踊り手もそれにのって手足を浮かせて踊る。そのうち太鼓や笛が破れるか、踊り手が独楽《こま》になるかというまで火の玉のすさまじさを発揮する。仮面や顔のない人影が踊りの輪からはずれ、道々にあふれて踊る。盆踊りは町中を征服して、盆の祖霊や亡霊にとりつかれてしまったのだ。

踊り狂った群衆は叫び声をあげ今や倒れんばかりになった時、笛の音が夜空に一声するどくひびいて囃子は止む。踊り手は魂の抜けた人形となってその場に立ちつくす。一瞬静かな夜が西馬音内の古くさびた屋根の上にある。亡者の頭巾をとれば涼しくさわやかな風が身にしみる。今年の盆の夜のすべてが終ったのだ。町びとは哀歓《あいかん》をつくした盆の夜の興奮をおさめきらず、櫓の上をいつまでも見まもって散じようとしない。櫓の上からは哀調をこめた笛の音がやさしくなりだす。人々を家路につかせる調べである。かがり火も一つ一つ消えてうすい煙を天へ昇らせる。町びとは陶酔からさめて帰ってゆく。稲の稔りの匂いのしはじめた田舎の夜道を三々五々と帰ってゆくのである。

私はこの西馬音内の盆踊りの中で一つ描写するのを忘れたことがあるようだ。町びとは踊るばかりではない。この長い時間踊りながら家ごとに饗応《きようおう》されるのだ。メインストリートに面した家は誰彼にかまわず御馳走し、酒をふるまってくれる。櫓の支度部屋にも大きなたらい一杯に握り飯がはこばれる。

戦前はこれらのふるまいは西馬音内に屋敷を持つ地主たちによって行なわれていた。盆踊りの踊り手は小作階級が主となり、地主で仮装して踊るものがあれば粋人とよばれた。

私は、盆および盆踊りは、やがてくる稲の収穫期を目前にして、地主つまり本家筋が労働力を結集する一つの方法ではなかったかと思う。

盆そのものは仏教の盂蘭盆《うらぼん》から来たものだが、印度から中国を通過して日本に入って民間に定着した時には相当形が変わっていたらしい。日本に在来からあった夏の農耕儀礼と習合したのか、仏教の盆行事を農民層の祭が蚕食して農耕儀礼的にかえたのかわからないが、今日ではともかく仏教＋夏の農耕儀礼＝日本の盆行事になっている。

西馬音内の場合は精霊を迎える馬子と藁馬も虫送りの田の神の信仰の変わったものと思われる。また仏壇に夏の収穫物を供えるのも、先祖祭の意味をふくめて収穫祭も同時に行なっているのではなかろうかと思う。夏の収穫が順調であることは、秋の稲の稔りにもよい予想を与えるのだ。

盆踊りの櫓に「五穀豊穣、豊年万作」と墨書した長灯籠がつるされるのも盆踊りが秋の祭の予祝の傾向を見せている。

地口の文句に、「見れば見るほど、やさしい踊りで、天下は泰平、五穀は豊作、百姓大あたり」またがんけの文句に、

「揃うたそろたよ、踊り娘《こ》ハアそろうた、稲の出穂より、ササなお揃うた」と稲作に関係し、盆の踊りによって稲の結実を促進させる文句や踊りがある。

さらに注目したいことは、本家の主人が親族一同を引きつれて先祖の墓まいりをする行事である。夏に祖霊があの世から帰って来て一族のものの祀をうけるという行事は、稲作に深い関係があるように思われる。この祖先崇拝の信仰によって、本家のものは分家から家の子の末端細胞に至るまでを掌握し統一することが出来る。ことに一族の共同体の結束のゆるむ農閑期で、かつ稲刈りの労働期を迎える時にあたって、一

精霊船をかこんで踊る横手市の盆踊り

族にどうしても共同体としての緊張と感激を年中行事の形で与えて団結する必要があったのだろう。

祖霊とはわれわれの死せる尊族であり、生存中は一族の生産と生活の基《もと》を開き、あるいは前進させる、死後は一族を守護し、繁栄をもたらせてくれると信じられている神で、本家の主人がその祀を司祭する。本家の衰弱は同時に一族の祖霊の衰弱を意味する。そのために本家は祖先の名において一族を生産に動員し、かつ犠牲もしいることが出来たのである。本家の意志は一族の総意と混同されて利己的にもなったろう。

正月と盆との類似がよくあげられる。正月もまた新年の神であり豊作の神である歳徳神と祖先神の訪れを意識し、そのための祀が家ごとに行なわれる。正月は年の始めというだけではなく、冬の農閑期であり、生産の緊張のゆるむ時である。この時にも年中行事により一族の団結をはかることが必要だったのである。

おそらく日本の祖霊の信仰は同族集団による稲作の経過をへてかもし出されたのだろう。

地主制度の解体した今日、西馬音内の盆踊りには階級の相異は今や残存しない。そこにあるのは純粋に民衆の町をあげての楽しみである。顔も名前も性別も消してしまって踊る解放感である。己の人生を消して陶酔出来る真夏の夜が、せちがらい日本にもまだあるのだ。

（昭和三十五年調査）

妻良 ―静岡県―

のどかな西伊豆の秘境

のどかさを絵にした漁村の四季

妻良《めら》

静岡県賀茂郡南伊豆町妻良

　東京から下田まで伊豆電鉄急行が走るようになって、わずか二時間五十分の旅になった。いままで下田にたどりつく時間で西伊豆の海岸までまわれることになる。天城山の猪鍋も今や観光料理の一つで、伊豆半島の旅は素朴さを失った、と思っている人が多い。観光バスにのって温泉地だけめぐっている人々の目にはそう見えるのだろう。伊豆には美しい海と段々畑の間に集落があり、昔ながらの静かな暮しをしている村人も多い。

　妻良《めら》――静岡県賀茂郡南伊豆町――もその一つである。

　妻良に行くには、下田から「南回り」というコースのバスにのる。約一時間、あまりよくない道を田舎バスがごとごとと走る。同じ会社のバスでも東海岸とは大分ちがったローカルバスである。やがて山の中のトンネルをぬけて峠から下りかかると、美しい入江が目の下に青く見え、その入江にのぞんだひなびた部落が妻良である。家々の屋根はかわらぶきが大部分、漁村の特徴で密集している。バスは急なカーブの坂を滑るように下って部落の中に入り、海岸に立っている火の見櫓《やぐら》の下に着く。ここが妻良のビジネス・センターだ。店屋が二、三軒、それに木造の公会堂があるだけ。

誰でもこの妻良のバスの停留所、というよりは海岸に降りて白い砂をふんだらほっとする。くさい煤煙も暴走トラックもないからだ。あるものは渚の音のやさしさと南伊豆の青空の輝きである。

戸数百六十戸、人口八百五十人ほど、半農半漁のおだやかな暮しをしており、さわがしい都会人の目からはこの部落はいつも昼寝をしている静けさを感じる。しかし一年の春夏秋冬を暮してみれば村人の生活にもリズムがあり、それなりの人生の哀歓《あいかん》にみちていることがわかる。

村人と一緒に暮すつもりで季節にしたがってのべてみよう。

春

妻良の春ははやい。二月を早春とよん

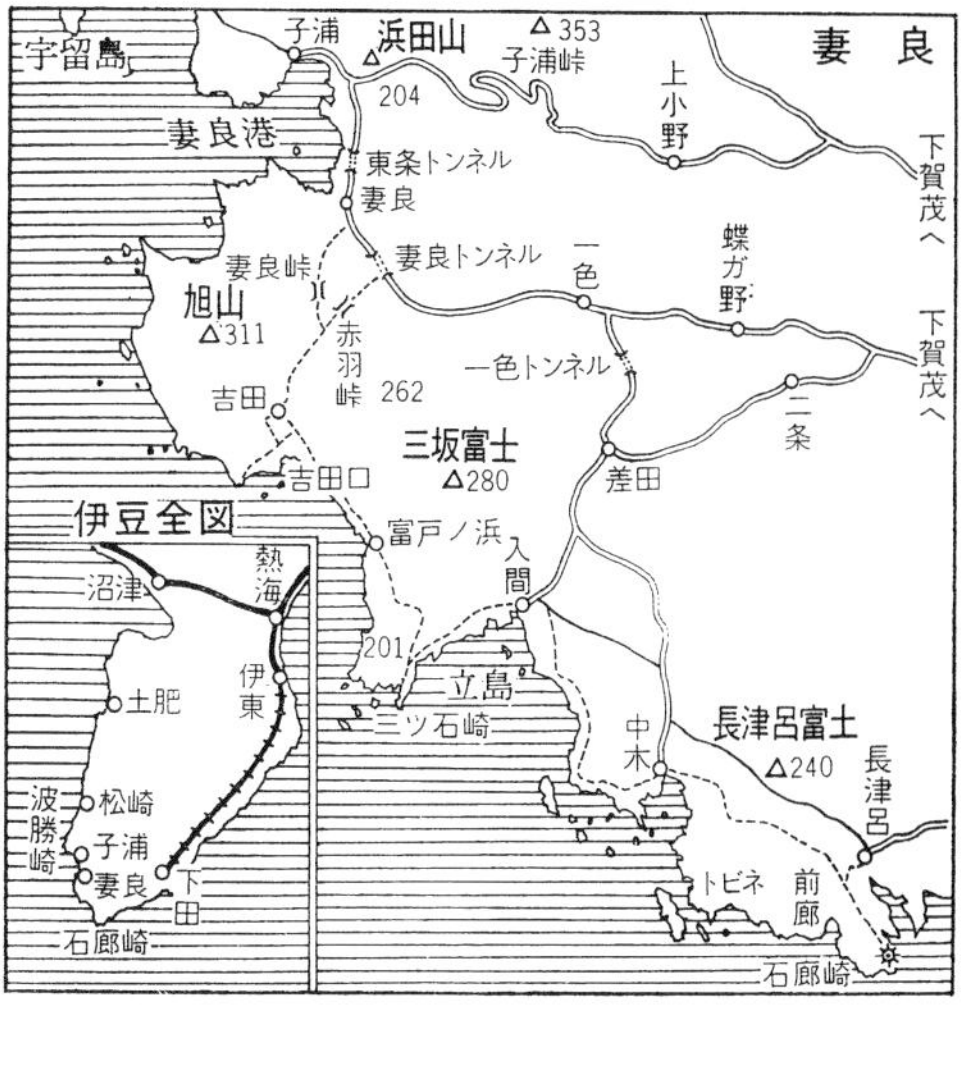

南伊豆の入江にのぞんだ妻良部落の全景。戸数160戸850人の人が暮している

でもいいだろう。伊豆半島の南端は一年中、霜を受けたことがない。冬でも足袋なくて暮せる。二月の末には日のあたる土手にすみれやたんぽぽが咲き出す。

三月の上旬頃、春の漁の網入れが行なわれる。それまで村人は毎日浜辺に出て網のつくろいをする。その頃船主は新しい漁船をつくる。漁船が出来ると、船の神さまである舟玉《ふなだま》さまをおさめる。

舟玉さまは女の神さまだと信じられている。それで船主の妻か娘が女神の依代《よりしろ》をこしらえる。依代とは目に見えない神が憑依する物体で、神そのものとして神聖に扱われる。

舟玉さまの依代は男女一対の人型で

ある。（舟の神さまが女性なのに、依代が男女一対というのはおかしいが、妻良の現在の伝承ではそうなっている。あるいは厄払いの雛流しの信仰がまぎれこんだのかもしれない）この人型のほかに一円玉六枚、五穀を少し、サイコロ二つ、船主の妻か娘の髪の毛、それに女の神さまなので鏡の破片や口紅などを用意することもある。

舟大工が舟の中央の帆柱をたてる穴の下に依代をおさめる。そしてお神酒や饌米《せんまい》をそなえて口の中で呪文をとなえる。

新しい舟に入れる舟玉さま（男女一対の人型のほかに船主の妻の髪の毛、サイコロ二つ、紙に包んだ五穀が入っている）

「今日はおめでとうございます。これより神入れをさせていただきます。

十二社大明神、海上安全、表を見合わせ、ともにしあわせをお祈りいたします」

といって二つのサイコロの三と三の目、四と四の目を合せて舟玉さまの穴に入れてかたくふたをする。舟玉さまは航海が安全なように、また豊漁であるように加護してくれると信じられている。

舟玉さまの入った舟は美しい大漁旗で満艦飾《まんかんしょく》され、親船にひかれて漁場を三回まわる。船主はその時お神酒《みき》をわたつみの神に捧げる。舟が入江にもどってくると漁師たちは勢いよくお互に海水をかけあう。さながら海上のレスリングだ。船主を海水に投じる時もある。お互に海水を思うぞんぶんあびて身を潔めるための儀礼だろう。

網のつくろいが終るのは三月初め、村人は総出で漁場にはこぶ。この時、網を美しく組んで飾りお餅やお神酒をそそぎ豊漁を祈る。妻良部落の半年の景気、村人の暮しぶり如何《いかん》は、まさにこの時から始まるのだ。

舟が網を漁場へひいてゆき、漁師たちは大船頭の指揮にしたがって網を入れる。海面の浮き玉だけがその水中の位置を示す。妻良には大謀網《だいぼうあみ》が二組あり、漁師たちは翌日の早朝から一日二回網をしめて魚をとる日課がはじまる。

豊漁の時はブリが村中の舟で二往復してもまだ運びきれないくらいとれるのである。この日、村の人はお婆さんも小学生もにこにこしている。しかしそんな日は一年に一回か二回くらいしかない。戦前にくらべて漁はだんだん減りつつある。ここも日本の沿岸漁業地帯の例外ではないのだ。

この定置網の漁は年齢も経験も豊富な大船頭によって指揮され、副船頭、船頭がそれを補佐する。全乗組員は三十三名ほど、村の産業戦士である若者が乗り子とよばれて一網に二十三、四名おり、最年少者は中学を出たばかりの少年で雑用役で乗っている。

この定置網の労働構成は村の政治構造に照応している。妻良をはじめ、伊豆半島沿岸の漁村は村の権力構造が年齢階梯《かいてい》の層になっているところが多い。むしろそういう文化圏を持っているといった方がよい。この社会では年齢の多いものが経験も豊かで発言力が強い。その年齢はそれぞれのグループにわかれていて、一人の意見はそのグループの意見を代表して年下のグループに号令をかけることになる。今では崩れかけているが、妻良の場合をあげてみよう。

年寄衆（六十歳以上、村の長老、もしくは元老役）、宿老衆（三十五歳以上―五十代、消防団の分団長などをする。村の政治の実権を握っている）、中老衆（二十五歳―三十五歳、村の役目の班長の位置にある中堅クラス）、若い衆仲間（十七歳―二十五歳、二十五歳のものが若い衆頭になる。最も行動的な作業をする。十七歳から二十歳までは使い走りといわれて、責任のない低い地位にある）。

この年齢階梯層は村の行事を行なう時、それぞれのポストを決定するのに役に立つ。海難があれば救助を命じるのは宿老だし、中老が実行計画をたて、第一線に飛び出してゆくのが若い衆仲間である。村の中にもめ事があって、収拾をつける時は年寄衆の意見が強力にのべられ尊重される。このように村はいつも一つの共同体として行動し

大漁旗をたてた新しい舟に海水をかけあって清める

豊漁のぶり網。こんなに捕れれば大漁で村中にこにこになる

ている。

しかしその美事《びじ》さは一面、平均して村の生産性の低いことを意味している。若い漁師たちの中には魚の行商を行ない、経済的な実力を得てくると、この年齢階梯層は崩れる。

妻良は目下その過程にあるといってよかろう。半農半漁の村妻良には、漁業ばかりでなく新しい型の農業もおきつつある。その一つは果樹栽培だ。無霜地帯の暖かい傾斜地を利用して夏みかんをつくっている家が何軒かある。

四、五月になると赤ん坊の頭くらいの大きな黄金色の実がなり、木の枝が折れんばかりだ。

この村ではゴンパの家の夏みかんが甘くて定評がある。

「ゴンパ」というのは屋号で、本当はれっきとした姓があるのだ。ところが妻良では清田、村田、飯作《いいさく》などの姓が各三十軒以上もあって別に屋号をつけている。「いどばた」「いんきょ」「せいきちゃ」などとさまざま、なかには「クラブ」なんてしゃれたのもある。村の子供たちは屋号でないとかえってわからない。

さて、ゴンパは朝、未明におきて舟にのり大謀漁の魚をとりに行く。この漁の雑魚《ざこ》をもらってきて夏みかんのこやしに使うのだそうだ。果物市場の検査員がゴンパの夏みかんの甘いこと、果汁の多いことに感心すると、彼は大変得意になって、

「なにしろおらんちの夏みかんは毎日サシミを上らっしゃるからなあー」

と自慢する。どうも前代未聞の話だが、半農半漁の村妻良ではさして不思議ではない。

漁師やお百姓には退職金や恩給はない。が彼は、やがて

果汁のあまい妻良の夏みかん

年をとったら孝行息子のように夏みかんが稼いでくれると、せっせとサシミを食べさせている。

春にこの村を訪れた人は名人ゴンパの夏みかんを試食するのがよかろう。

夏

妻良の田植えは六月の梅雨の最中に行なわれる。半農半漁といっても農の方は畑が主だ。水田は村の人の自給するほどもとれない。したがって作り方も上手でない。いまだに大足《おおあし》を使っている。大足は田下駄ともいわれ、下駄の五倍位ある大きさのものだ。これを両足にはいて水田の中をじゃぶじゃぶ歩く。人間の足の力で耕し、田をならすのだ。同じ静岡県下の登呂《とろ》の遺跡でも大足がたくさん発掘された。すると二千年ほど前の稲作とあまりかわらない停滞性があるといえるのだが、村人はこの大足を「停電型自動耕耘《こううん》機」とよんでいる。これと鍬《くわ》だけで田を耕し、田植えをするので、米の収量も古代なみ、反当り五、六俵程度、村人も米作りにはあんまり気がない。

梅雨がはれて、雲の切れ間から青空が見え出すと、黒潮のにおいがせまり急に体の中に力がみなぎってくる。村人には海にもぐる季節が来たのだ。

妻良の静かな入江ではテングサがとれる。凪《なぎ》の日になると村の人々は小舟を出してマンガで海底をかいてテングサをとる。

妻良には潜水の出来る女房たちが十数名いて大活躍の時だ。この人たちはいずれも三重県志摩から嫁いで来た海女の人たちだ。妻良にある昭和二十五年から三十二年までの記録によれば、妻良の男性と結婚した女性の五十五%は部落内の人、三十五%は他県（多くは三重県）、町内（南伊豆町）はわずか一〇%、郡内（賀茂郡）、県内（静岡県）とも〇%である。つまり妻良の男は下田以東の女性と結婚するよりは三重県の女性と結婚する方がはるかに多い。入婚から見る妻良の通婚圏は裏山をこえるよりも海を渡る方が、経済的なつながりとして強いことを物語っている。

大正から昭和にかけて志摩の海女たちが妻良の浜に働きにきたことがある。おそらくこの村の若者たちとの恋が結ばれたのだろう。その乙女たちは幸福な妻の座につき今ではすっかりお婆さんになっているが、毎年引きつづき親戚の若い海女が郷里から働きに来て、いいお嫁になって妻良にとどまる。

この頃からぽつぽつ海水浴の客が現われる。都会から来た村人の親戚や、旧知の人ばかりだ。大学の若い先生がリュックサックに一杯本をつめてやってきて、静かな漁村で論文を書いてすごしてゆく。

海に近いお寺の本堂は東京の小学校の臨海学校となる。夜には和尚さんが小学生のためにスライドの映写で村の生活を語って聞かせてくれる。

実は私たち一家もこのお寺に泊めてもらって何回かの夏をすごした。

海水浴の客を見物する村の子供たち

私の妻は山国に育って全然泳げない。そのため浮き袋は息子と兼用だ。

妻が初めて海水浴にいった日、海の村の子供の間に異常なセンセイションがおきた。一人前のオバチャンのくせに全然カナヅチがいるということを初めて目前にしたのである。五歳の息子と浅瀬で浮き袋をつけてぴちゃぴちゃやっている事実は、村の子供たちにとって人類について一大疑問を、いや衝撃を与えたにちがいない。それから毎日、妻が海水浴に現れると波うちぎわに一列にならんで見物を始める。子守のお婆さんもまじって、水上動物園見学の光景そっくりだ。

妻良の子は例外なく水泳がうまいのである。五歳から泳ぎ始め八歳で一人前になる。子供たちが泳いでいる時、必らず年寄たちが見守っている。

静かな妻良が一番にぎやかになるのは八月十三日の盆を迎えてからだ。

家々の仏壇には盆棚が飾られ、町へ働きに行った娘たちが美しくなって帰郷してくる。

妻良部落の青年たちは大謀網があるので十数名のものは村にのこって働けるが、娘たちには適当な仕事が何一つないので町へ出る。昭和二十五年（一九五〇）まであった村の女子青年団はついに二名になって消滅してしまった。主な職業は旅館のお接待さん、看護婦さん、観光バスガールなどだ。

十四日、久し振りに帰って来た娘たちを迎えて青年は浜に盆踊りの櫓《やぐら》をきずく。西の海に日が沈んで、薄暮のせまる頃、櫓の上から寄せ太鼓がなりだす。この小さな部落に

仏壇の盆棚。美しく季節の野菜で飾られている

ひびきわたると、浴衣を着せてもらった子供たちが踊りだす。

夜がふけてくるにつれて、菅笠《すげがさ》を深くかぶった母や娘たちがこの踊りの輪に入って、優美な手ぶりの妻良の盆踊りを始める。盆唄は、鈴木主水《もんど》や石童丸《いしどうまる》を主題にした哀調切々たるもので、和賛である。この踊りの輪から少しはなれ浜の小舟によりかかって見ているのは、新盆を迎える人たちである。アセチレンの火で踊る人の夜影を眺めていると、このなかに亡くなった自分の子供の後姿を一瞬見ることがあるそうだ。あり得ることである。妻良は血族結婚が多く、どの家も似たりよったりの生活様式を持っているから、子供たちの顔や姿勢まで似てくる。それを盆という回想的なムードの中で見るのである。

しかしこの盆踊りも数年来、上手な踊り手が年ごとに消えつつあるのは惜しい。若い娘さんたちの踊りがだんだんフォークダンスのようになってゆく。年よりたちはこれを非常に惜しんでいる。「悲しく、かつ美しい」情緒が「明るい娯楽」へおきかえられつつあるからだ。盆踊りも生きもので、踊る人の生活と意識からは切りはなされて残らないのだろう。

妻良の盆踊りはかつての村の歴史を物語る。今は戸数わずか百六十戸、明治初年にはこの倍もあったのだ。その頃の妻良は西国と江戸をむすぶ回船の寄港地だった。冬の西風の時はこの小さな港一杯に回船が入って何日も風待ちをした。また浜には良質

哀調切々たる妻良の盆踊り

る。

の井戸があって、この清水を船に売るだけで村人はのん気に暮してゆけたと古老は語

　当時は宿屋だけでも三十軒からあり、今でも家の屋号に「おおさか屋」「さつま屋」「さがら屋」「はりま屋」などとのこっている。その地方の人が多く来て泊ったのだそうだ。その客の中に芸人がいて何日も船が碇泊《じょうはく》しているうちに路銀《ろぎん》を使い果し、妻良の住人になったという伝説が今にのこっている。伊豆半島の岬のかげの村、妻良にはこのような形で文化も芸能も入ってきた。ところが鉄道東海道線が開通して回船制度が消滅すると、同時にそれは妻良の没落であった。以後七十年間、妻良は毒りんごを食べた白雪姫のように眠りつづけてしまった。

　さて、八月十五日の夕方、盆の灯籠《とうろう》を浜に集めてお坊さんが法会《ほうえ》をする。三回忌をむかえた家では夕闇のせまる頃、灯籠をともして波の上にはなつ。灯籠はさざ波に漂いながら入江から外海へ出てゆく。海の彼方に祖霊の国があるかのように。

　十六日早朝、村人は浜の波打ちぎわに盆棚の飾り物を持って来る。渚の砂上に香華《こうげ》をたて、海の彼方の霊に最後の祈りを捧げる。静かな盆の後祭である。その頃村を出る一番バスで娘たちは町の職場へもどってゆく。

　盆がすぎると村は急に淋しくなる。電気くらげとよばれるカツオノエボシがふえ、泳ぐ者はよく刺される。そのためか海水浴の客は帰ってゆく。二百十日の台風も近づ

いて来る。大謀網の漁師たちが、残り少なくなった漁の日の最後の力をふりしぼって黙々と頑張る。

秋

お寺の庭にははまゆう、サボテン、さるすべりの花々が静かに咲いている。終日人影の見えない庭石の上では、赤がにの子供たちが毎日運動会をやっている。

勤勉な村人たちは山へ冬の畑の用意をしに行ってのどかな秋日和がつづく。私はこんな日の妻良が好きだ。

若い友だちに秋の妻良のよさをたたえたら、新婚旅行に是非行きたいと言いだした。景色がよくて静かで、魚はおいしい、それに温泉宿の三分の一の費用だ。私は彼のためにお寺に紹介状を書いた。新郎新婦は喜びいさんで東京駅から花束をいだいてスタートした。

お天気もよかったので、若い二人は十分人生の希望と思い出をつないだだろう、と私は想像した。帰宅した二人に、「どうだった？」と聞いたら、

「いやー、びっくり仰天した。新婚旅行の初日がお葬式だった」とぼやいた。

何でも二人がお寺の急な石段をあいたずさえて登りかけた時、頭の上から棺桶をかついだ行列が下りて来たという。私も、これにはうーんとうなってしまった。お寺に

泊めてもらえばそういうチャンスはあり得て不思議はないのだが。

しかし、村の人の親切なもてなしは期待をうわまわった。小舟に乗って波勝岬《はがちざき》の野猿の群も見に行ったそうだ。その上三日後には本堂で「新婚旅行完遂記念送別会」というものを開いてくれたのだそうだ。自称村の観光大臣ゴンベエ小父さんがとっておきの猿酒をのませてくれ、伊勢えびの御馳走にあずかったという。

十月二十日をすぎると、青年たちは秋祭の準備にかかる。祭の用意は若い衆仲間の仕事になっている。村の氏神さま三島神社の祭は十一月一日から二日にかけてである。

この秋祭の中で一番大事な行事は若い衆仲間が行なう式三番である。村人たちは二十日から毎晩公会堂に集まってその練習を始める。翁や三番叟《さんばそう》の仮面をつけて舞うことは、神になることを意味する。したがってこの人選は村人の総意によって行なわれる。両親のそろっている長男で近親者に喪のないものの中からえらばれる。囃子方《はやしかた》、謡方《うたいかた》を加えて十五人ほど、毎晩古老の師匠からきびしい稽古をつけられる。

十一月一日の夜になると、お宮にあかあかと灯がともる。神社の拝殿の前にある庁屋《ちようや》という建物が舞台になる。舞台の開く前に神事舞の奉納者たちは庁屋に着席して、神聖な小宴をひらき神酒をのむ。

舞台が開くと、境内は見物人でぎっしりの超満員、その中で古式な衣裳をつけた青年が朗々たる声で、

11月1日の夜行われる三島神社の奉能芸・三番叟の翁

「とうどうたらり、たらりら……」

と謡いだす。一節終って青年は白い翁の面をつけてもらう。彼はここで神に変身するわけだ。この神はその謡の中の文句にあるように「天下泰平、国土安穏、今日《こんにち》の御祈禱なり」というように村の豊作、大漁の祈禱を舞の中で行なう。

白い翁の舞がすむと黒い翁の三番叟が飛び出して来る。さきの荘重さにくらべて軽妙活発に舞う。その舞は鈴の段になるとリズムそのものの見事さ、独楽《こま》のようにくるりくるりと舞う。すると若い衆はじめ村の人々が一せいに声援して急テンポの舞を全うさせようとする。舞台と村人が一つになるそのひたむきな熱心さは涙ぐましいほどだ。

翁と三番叟の舞が古式通りにふみ行な

われるかどうかは、村の翌年の生産や生活が順調につつがなく行なわれるかどうかに関連あると村人は考えている。もしこの舞で舞い手がふみ誤ったり、囃子方との調子が狂ったりすれば、村人は翌年について漠然たる不安におそわれる。だから舞台の舞い手は自分一人の上手下手の問題ではなく、村人の全生活の責任をになっている。村人が声援するわけもここにあるのだ。

妻良では芸能は娯楽より神聖な神事なのだ。古老は今でもいつの三番の舞はうまくなかったので、不作だったとか、村に伝染病がはやったとか語って聞かせてくれる。歴史上の事実かどうかは別として、翁舞による信仰が生きている点を注目したい（伊豆半島には古い形の式三番を演じる部落が二十三くらいあり、なかには人形で行なっているところもある）。

翌日の十一月二日は本祭である。三島神社から、長いにぎやかな行列をつらねて御《み》輿《こし》が浜に出る。浜のお旅所は早朝から清められてある。御輿が海にむかって安置されると、村人はこの前でさまざまな演芸や仮装行列を行なって神に捧げなぐさめる。昨夜の真剣さにくらべて、楽しい野外のページェントが開かれる。

一番人気のあるのが若い衆組の練りの屋台だ。祭囃子の笛太鼓にぎやかに、青年たちが力一杯押しながらやってくる。その屋台の先頭に潮吹き《しおふ》（ひょっとこ）とおかめがかまかけあって踊りあっている。潮吹きは味噌のついたすりこ木（これは男性の象

祭の日に若衆組の練り屋台が浜に出て海から迎える氏神をなぐさめる

徴と見なされている）、おかめは飯粒のついたしゃもじを持っているが、見物人がおしよせてくると、これでほっぺたをなでる。ことに潮吹きは若い娘たちが大好きだ。群がる娘たちの真ん中へすりこ木をつっ立てて突進して大騒ぎをおこす。これを誰も止める権利はない。若い衆が一年に一日だけ許された特権である。しかも誰が潮吹きに扮したかは若い衆仲間以外にはかたく秘密にされている。

村の文化人はこの祭の若者たちの無礼講を「非文化的」と眉をしかめる。それももっともだが、「若者集団が村祭の日に解放されてあばれる」行為は、一面私たちにさまざまな推測を与えてくれる。

本質的には東北の小正月の夜に行なわれる「なまはげ」と同じだろう。古代の母権的狩猟漁撈《しゆりようぎよろう》社会（縄文中期といわれる）では、村の青年が祭の日に神とも祖霊とも妖怪ともつかない精霊《スピリット》に扮して、豊作の前祝いをやるとともに女子や子供をおどかして歩いた行為があった。これは母権社会のなかで、男性が、女性の高い社会的位置に対抗するため男性の秘密結社をつくっていたのだと説明している民俗学者もいる。母権社会という点をのぞけば、妻良の場合もよく似ているのである。それほど飛躍しないでも、東海地方に多い郷土芸能の田遊びや田楽の中に出て来る太郎次とやすめ、神楽の爺と婆の所作事にあてはまる。男性の象徴は生産の豊かさにつらなるものと考えられて、無礼講はここでも許されている。

男性の象徴を捧げ持っている潮吹き

村の最年長の元老たちは御輿の中の神さまの席の横に着席して、素朴な村祭をひねもす一日楽しみ眺めて歓待される。秋の日が波勝岬にかたむきだす頃、また行列をつくってぞろぞろ神社に帰ってゆく。若い衆仲間の練り屋台だけが行列におくれて、いつまでもいつまでも祭囃子をつづけている。村人や客人たちはそれを聞きながら家の中で楽しげに酒をくみかわす。

冬

妻良の冬は暖かい。村人は足袋なしですごす。戦前の村人はこの暖かい冬は網漁もないので日向ぼっこをしてのんびり、貧乏して暮していた。

今は違う。村の南むきの段々畑を耕して、一面にマーガレットやカーネーションの草花をつくっている。またさやえんどうもつくる。この豆のことを南伊豆の人は「成金豆」とよんでいる。

戦後カーネーション、マーガレット、成金豆、これらの冬の早期栽培を行なうようになって、村は一年ごとに生き生きとして来た。今まで農業は自給自足でしかなかった。漁業は豊漁の日もあったが、あなたまかせで村人の努力によって収獲があがるわけではない。その村人に、働けば生活が豊かになることを教えてくれたのは早期栽培である。村の人の粗収入は約四十%くらい上っただろう。私はさきに「七十年間、毒りんごを食べた白雪姫のように眠りつづけてしまった」とのべた。その妻良は戦後の早期栽培で眠りから目覚めつつある。

それと同時に村は質的に異なったものになるようだ。今まで村の生産は漁業も田植えも共同作業が多く、みな平均して貧しかった。ところが農業でも高い技術のいる早期栽培を行なうようになって、研究心のある個人がどんどん成功しだした。「成金豆」というささやえんどうのあだ名がよくその事実を物語っている。若い者でも経済的な実力を持ち、村の年齢階梯制という共同体の指導者原理は弱まりつつある。

妻良の冬は暖かい――と書いた。がそういう日ばかりではない。正月がすぎると、季節風の西風が吹き出す。浜に出た子供たちは吹きとばされて遊んでいる。この風が十日も二週間もつづくことがある。訪れて来る旅人もなく、魚は干物よりほか一匹もなくなる。誰もひっそりと家にこもって冬ごもりの日をすごす。

こんな時、お寺で俳句会が行なわれる。この村には和尚さんが主幹で昭和の初期から「潮」という同人俳句誌が季刊で出されている。町会議員の薬屋さん、七十歳をこえてなお資本論を勉強するマルクス爺さん、猿酒のゴンベエ小父さん、海女のお婆さんたちだ。傾向はのんびりしたホトトギス派で、仲よくつくる伝統が唯一の美点だ。

互選された俳句は薬屋さんの店先の黒板に書き抜かれる。村人が真冬に猫の恋のあることを知ったり、いんきょさんが卵を産まない鶏を苦にしているなど、皆このマス・コミ黒板によるものだ。妻良の俳句誌「潮」にのった常連の句を御紹介しよう。

冬豌豆ひねもす波の白き見ゆ　雨石
渡り海女《あま》居つき嫁ぎて麦を蒔く　五味子
海苔とり女波ある礁へ渉り　紅陽
早春や網をつくろう漁師たち　仙外
春立てば潮騒の音やわらかく　楼月
水仙のここにもありし波勝崎　三石
さきがけて色なおあさき糸菫　竹水

西風が吹きに吹いて、吹き尽してぱったりと止むことがある。その晩村人は固唾《かたず》をのんで緊張する。親も子も心構えをして眠る。果せるかな、まだ暗い冬の明方、波止場の汽笛が村中にひびきわたる。村人はバネ仕掛けの人形のように一せいにとび起きて、老いも若きも浜へ走り出す。われ先に自分の小舟を海へ突きだし飛び乗ってゆく。海苔の口あけが始まったのだ。海苔の養殖場の磯は祖先からの村中の共有財産だ。誰もここでは特権を使い得ない。皆同じ条件で収穫をする。沖の岩礁にたどりつくと磯にこびりついている海苔をかけ金でかきむしる。指先が冷たい潮にぬれて赤くなる。

ベーゴマに熱中する妻良の子供たち

それでも皆競争なので息をふきかける暇も惜しい。二時間たつとまた汽笛だ。一せいに手をとめて小舟に乗って帰ってくる。海の上を吹く風は寒くきびしいが、波打ちぎわには海苔をはぐくむ春の潮がさしているのだ。

この海苔がとれると、妻良の村人は私の家へ送ってくれる。ホームスパンのように部厚く腰が強い。お握りにまくと食いちぎる時首筋が痛いほど強じんだ。しかし海の匂いの濃い、いい海苔だ。私はこの海苔をはみながら、また妻良に行きたい誘惑にかられる。夏には家族そろってゆこうと妻や子供と語りあう。

(昭和十七年より三十七年にわたる調査)

昭和33年、妻良にて家族と

隠れ里の花祭 —愛知県北設楽郡—

月神社から部落へゆく鬼の行列

徹夜で舞う神楽の里

隠れ里の花祭

愛知県北設楽郡

これはオシャカサマの花祭ではない。村人が歌って舞って、のんで食べて神々と一夜をあかす愛知県北設楽《したら》郡の花祭である。

都会ではもうこの世の中に神さまなどないと思っている人も多いが、花祭の夜は神楽《かぐら》の力によって神の世界を実現してみせる聖夜である。

花祭は毎年十二月初旬から二月ころまで北設楽一帯の村々で行なわれている。いずれも都会をはなれた山深い隠れ里で観光化されず信仰のためにひそかに行なわれている祭である。

天竜川の支流の振草《ふりくさ》川、大入《おおいり》川の沿岸にある村のなかの約二十部落ほどで花祭は行なわれている。

外花《そとばな》と内花《うちばな》

花祭には外花と内花がある。外花とは神社や公民館のように公共の場所で行なわれるものである。それにくらべて内花は農家などのごく普通の民家で行なわれる。最近では内花がだんだん減ってきて、中設楽《なかしたら》、月、下粟代《しもあわしろ》、東薗目《そのめ》、三沢の五ヵ所しかない。

外花と内花では雰囲気がだいぶ異なる。外花は公共の場所なので出入りが自由、大勢でおしかけて見物に行っても村や農家側に迷惑をかけることはない。祭の舞も広々とした建物の中で自由に飛びはねて行なえる。

それにくらべて内花は何といっても民家を舞処《まいと》にしているのでせまい。花宿の農家側が招待するお客もあってフリの客は、はじめは堅苦しい。なれてくると内花の楽しさは外花にまさる。内花は花宿にあたる家の主人がしきりに気をくばって外来客をもてなし、食事や酒の用意もしてくれる。舞処はせまいが、それだけ力がこもって踊れるともいえよう。

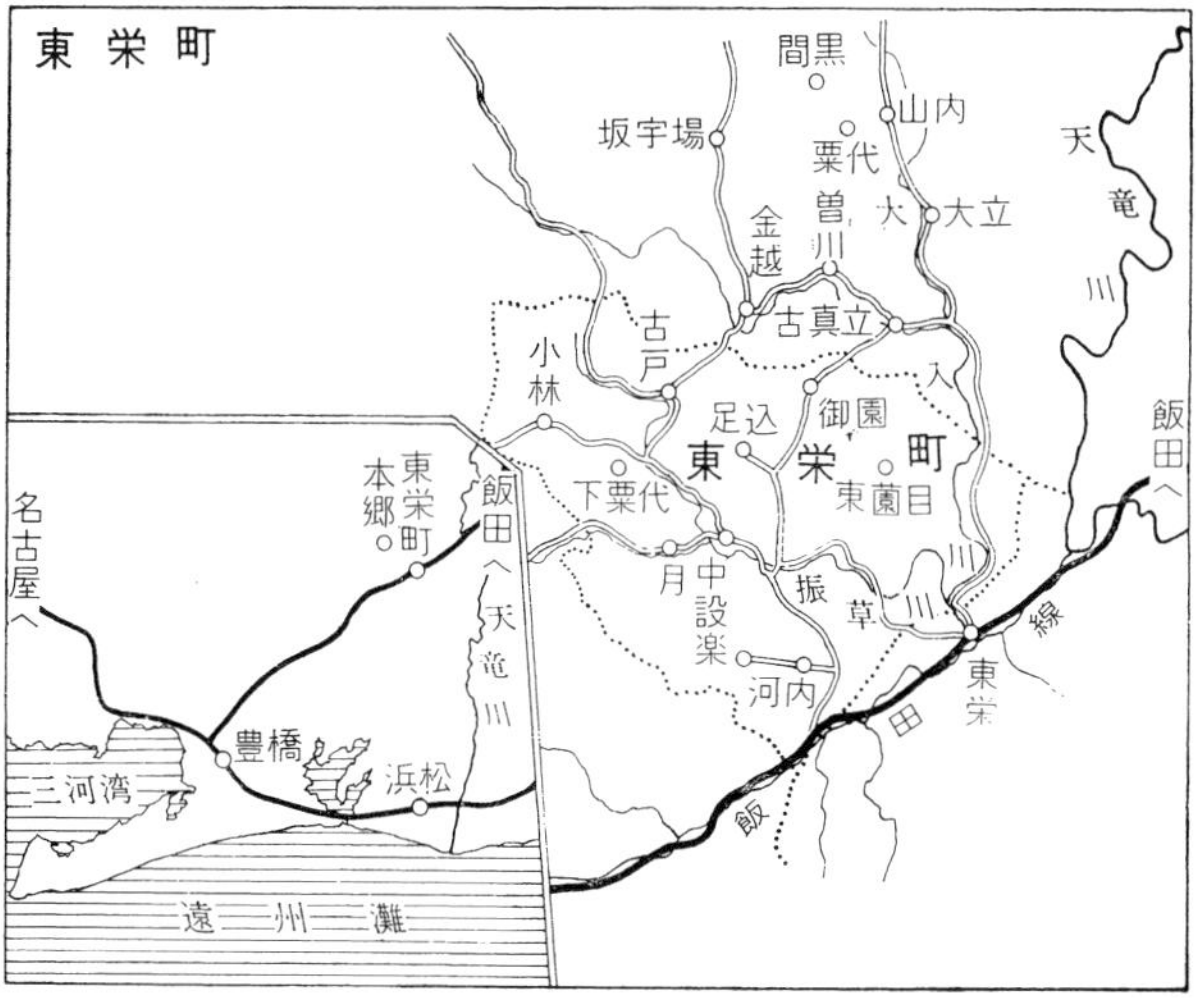

「辻かため」花太夫と宮人によって地底や道より来る悪魔封じの祭（下粟代部落）

花祭の系統

花祭は大きくわけて二つの系統がある。それによって見方も多少異なってくる。その一つは振草川沿岸の村で行なわれる振草系、もう一つは大入川沿岸の村で行なわれる大入系である。

振草系と大入系の主だったちがいは、振草系は神楽の初めに行なわれる神迎え、神楽の後に行なわれる神送りの神事がきちょうめんである。神事、祭事に興味を持っている人は振草系の方が面白いだろう。大入系は神事は少ないが、舞そのものは振草系にくらべて派手である。舞中心に見る人は大入系がよかろう。祭の時間は振草系が二十四時間から三十時間くらいかかるのに、大入系は十八時間から二十時間くらいでやや短かい。

そのほか、各部落ともそれぞれレパートリーには違や差がある。

「切目の王子」花太夫が宮太鼓をたたきながら、宮人とともに全国の神々を舞処に勧請する祭（月部落）

祭の順序

花祭は明治頃までは旧暦の十一月に行なわれた。それで霜月神楽ともいわれた。これは一年間の収穫感謝祭であると同時に、翌年の豊年への祈願でもある。祭の順序を神事にくわしい振草系月部落を例にとって説明しよう。

さきにのべた祭の日はクライマックスの一日で、実は祭はその数日前から着々と行なわれている。

現在では本祭の二日前、つまり十二月五日に「刀立て」という行事がある。これは祭場に使う御幣を切り始める意味で、これから祭は始まる。「刀立て」の御幣《ごへい》つくりがすむと舞の練習の総仕上げをするところが多い。花祭を

振草系内花の舞処。中央に釜、その天井に天蓋、奥に氏神さまより勧請して来た御輿がある。舞人はこの釜の周囲で舞う（下粟代部落）

完全に見ようとする人はぜひこの「刀立て」から見ることをすすめる。

十二月六日は朝から「きりくさ」を村中総出で行なう。「きりくさ」は祭場を飾る色美しい天蓋や飾り御幣で、一日かかって切ったり飾ったりする。

十二月七日は午後から祭が始まる。祭の司祭者である花太夫とその補佐役である六、七人の宮人《みょうど》によって進められる。初めに部落を流れる川の水を清める「滝ばらい」、天からくる悪魔をはらう「高嶺まつり」、地底や道からくる悪魔を防ぐ「辻かため」を行ない、一方神社から花宿の舞処へ神さまを御輿で迎えてくる。日暮れから、神座《かんざ》では日本中の神々の勧《かん》請《じょう》をする「切目の王子」の行事をして神楽の舞に入るのである。大入系ではこの「切目の王子」までの神事がないところが多い。

花祭見物の大勢がつめかけてくるのはこの頃からである。

花祭の見物のしかた

花祭の村に入ったら、花宿の場所はすぐわかる。高いのぼりが立っており、にわか仕立ての小屋や引き幕が目立つ。また村人に、「花宿はどこですか」ときけば、だれでもすぐ教えてくれる。花宿に入れば外花、内花を問わずすぐ「会所」に行くのがよい。「会所」は劇場なら受付兼総務部兼経理部である。ここで名刺を出すなり、自己紹介をして案内をこう。その時、「はな」とよばれる寄付行為をするのがならわしになっている。

「花祭」の「はな」は現在ではどういう意味かまだよくわかっていない。稲の花の花、花山祭の花、饅頭《てんとう》としてのはなと諸説紛々、ここで寄付行為をするのもその「はな」の意味である。つまり豊作の年には村人がその収穫の一部を持ちより、神に捧げて神楽をにぎやかに開く。その意味で寄付をする。これは入場料でないからきめられた金額はない。お米でもよいし、しなくてもいっこう差支えない。しかし祭に参加する気持で大人なら五百円くらい、学生なら三百円、団体の場合は十人で三千円くらいつつむのが常識になっている。このお金を会所に出すと、会所はこれによって見物人の酒食、会場の電熱費などをまかなう。

内花の場合は花宿の主人が夜食やふとんの心配までしてくれるが、外花は冷たい折詰め一つということもある。そんな時は、花宿に出来ている女子青年団の屋台で花祭の名物、五平餅をかじるのがよかろう。あつかんの酒、おでんなども用意してある。

花祭は男のみが行なう祭で、女は一般見物以外には参加しない。また楽を奏する神《かん》座《ざ》、舞をする舞処《まいと》、楽屋にあたる神部屋にはいっさい女を入れないところが多く、婦人の見物人の心がけるべき事である（もしこのしきたりに反対の人は見物しない方がよい）。真冬に徹夜で見物して、最後に釜湯をあびるのだからあまり上等な衣服よりは、むしろ暖かいふだん着をおすすめする。

舞処と神楽

舞処は土間で、中央に釜をそなえつける。その真上に切紙で美しく飾った天蓋をかける。このかまどに火を入れ、もうもうたる湯煙の中で、かまどをめぐって舞をするのである。

舞の順序は振草系と大入系では多少異なっているが、振草系下粟代部落のものを例にとってみると、楽の舞、市の舞、地固めの舞、花の舞、山割り、三つ舞、榊《さかき》、岩戸の舞、ひのねぎ、翁《おきな》、四つ舞、湯囃子、朝鬼、獅子などである。

この中で一番人気のあるのは「花の舞」であろう。こんな山里にと思われるくらい

「花の舞」 5～6歳の子供たち3名が花片のように舞う（東薗目部落）

可愛い四つ五つの稚子《わらべ》が花片の冠をつけて三人一組になって舞う。かまどのまわりを飛ぶように旋回すれば、村人はこの花の精の舞を声を限りに応援する。

可憐な花の舞は扇の手、盆の手、湯桶の手と三つあり、全部で一時間半から二時間くらいかかる。

花の舞が終るのは真夜中の十二時頃、すると、太鼓と笛の調べが急調子にかわり、真赤な鬼が五匹も六匹も飛び出し鉞《まさかり》をふるって悪神を追い出す。見物人は満場騒然となり「テロレ、テロレ」「ターフレ、タフレ」と調子をとってはやしだす。若い元気な見物人は舞処に殺到して、鬼をからかい、鬼にあらん限りの悪口をいいながら舞う。この人たちを花祭では「せいと」とよんでいる。「せいと」は普通花祭に正式に招待された客ではなく、祭の御馳走の宴にはあずからない、遠くの村から山越え、野越えしてきた「花好き」の若者である。舞処の外の庭燎《せいと》(庭の焚火)にあたって祭をひやかしにきた見物衆である。この「せいと」のにぎやかなほど花祭は面白い。「せいと」は鬼ばかりでなく、あらゆる舞手、花太夫、宮人、一般見物人にむかって遠慮なく悪態をつく。その悪態や鋭い舌鋒《ぜっぽう》は村の古い権力をへこませる一種の社会制裁のようなもので、村人も痛快がってこの悪態を聞く。「せいと」の悪口には微笑をもってこたえるのがエチケットで、腹をたててはならないならわしがある。

「山割り」がすむと「三つ舞」で、見物人やせいともこの舞の時に暇をぬすんで仮睡《かすい》

「榊鬼」山の神の性格を持った榊鬼は花祭のなかで最高の神と見なされている（東薗目部落）

する。

「三つ舞」の次に再び鬼が出る。「榊」とよばれ、花祭に登場する神々のなかで一番格式が高く権威のある神で、背に大きな榊の枝をしょっている。かまどの前にむしろを敷き、鉞《まさかり》をついて足で大地の悪霊をふみしずめる所作を舞う。単純な舞だが、これは「反《へん》閇《ばい》」とよばれて日本の神事芸能の根本をなす所作である。

榊の鬼が引っこむ頃、冬の夜がしらじらと明けそめる。曙のほのかな光の中に、黒衣につつまれた巫女がロウソクの灯にみちびかれて現われる。天照《あまてらす》大御神《おおみかみ》の出現で、村人や「せいと」はこの時ばかりは巫女に静かな静かなコーラスをおくる。舞処は涙ぐむほどの聖らかさにみちる。そのほか、「ひのねぎ」「翁」などさまざまな仮面の神が現われて、「四つ舞」がすみ、正午をすぎたころ、鉢巻姿のりりしい四人の少年がさっと舞処に踊り出してくる。両手にわらの束子《たわし》を持ち、湯気のたっているかまの周囲をスクリューのように旋回する。もうもうたる湯気の中で見物人はいっせいに「うたぐら」を合唱し、腕をくみ舞人をはげます。そのうち舞人はいきなり束子で見物人へかまの中から湯の沫《しぶき》をかける。神座から見物席、せいとに滝のようにかける。花宿は狂乱の渦中、家もお客もびしょぬれになるまでこの舞はつづく。舞処は泥田のようになって終る。これは日本の信仰の中で重要な「生れ清まり」の行事になるわけだ。私たちの魂はこのかま湯をあびて清まりかつ新鮮になると信じられている。三度目の鬼「朝鬼」が出るのはもう夕暮れ時である。内花では朝鬼は花宿の主人の役になっているので人気がある。ついで「獅子」の清めを最後に舞は終る。

一般の客は獅子の舞がすむと帰ってしまう。実はそれから神送りの神事がある。天蓋を下ろす「ひいなおろし」、神を神棚からさげる「たなおろし」をして、花太夫と宮人は神送りをする。月部落ではこの時、祭に使ったすべての道具を村人がかついで、宮人の合唱のうちに舞処を一巡して神社の方へ帰って行く。その時、村人は舞って舞って舞いつくした哀歓がひとしお胸に湧いてくるのである。

この感傷のあとの心の空しさを埋める祭が「しずめの舞」である。

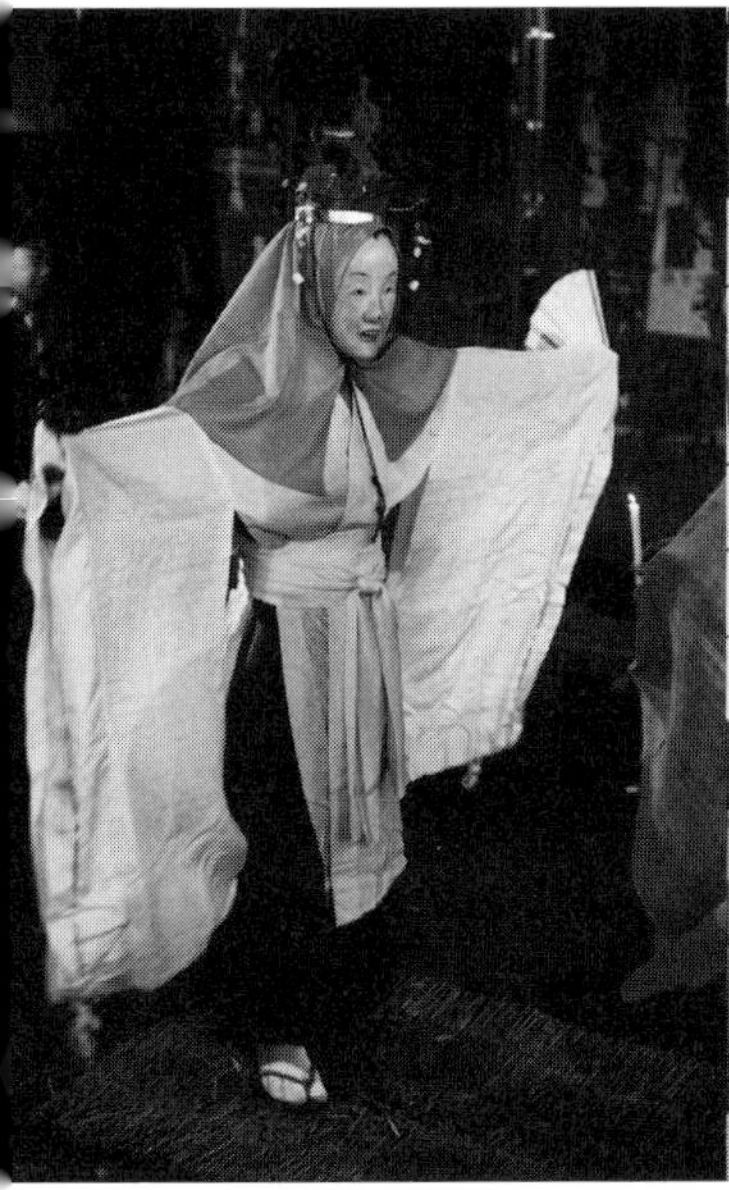

（左）「巫女」天照大御神と見なされる女神が出現すると、神楽の座は静まり清らかな合唱をおくる（古戸部落）
（右）「しずめ」の舞。この舞だけは神部屋で行なう。神楽に招かれたすべての神々を帰さしめる（下粟代部落）

祭の上では、さまざまな神送りをしてもどうしても帰ってくれない神を鎮圧する祭といわれている。

この祭は一番最後に座敷で花太夫が天狗の面をかぶって行なう。暗い陰惨なムードをたたえた怪奇な舞がすむと、村人は疲れてその場にうち伏して眠ってしまう。

二十四時間以上も一刻の休みなくつづいた神楽なのだ。北設楽の村人は一年一ぺんありったけの全力を花祭につくして行事を行なうと、二日も三日も眠りつづける。そして目がさめた日から元気よく麦ふみを始めて次の年の農仕事にいそしむのである。

花祭の写真撮影について

花祭は、写真に写しやすい点と、難かしい点の二面を持っている。

写しやすい点では、一つの舞が三十分から二時間くらいくりかえしつづき、写真をとる時間は十分ある。一度や二度シャッターチャンスを外しても悲観する心配はない。しかもどの舞もかまどの周囲をめぐって行なわれるので、初めに注意して舞を見ていると、次の舞う位置、動作が十分予測できて、カメラポジションを定めることができる。

つぎに「せいと」に混って写真をとれば、被写体の人物にかなり近づけることだ。舞は一つの神事なのでこちらからポーズの注文はできないが、どこの花祭でも村人は

普段は何のへんてつもない山村である

写真撮影には好意をもってくれる。

撮影しにくい点では、大部分は夜の祭で、光源が暗いことだ。たいていは百ワットか二百ワットくらいの明るさなので、動作のはやい舞は止まらない。フラッシュ、ストロボーを用意することをすすめる。フィルムはＳＳＳ級がよいだろう。「せいと」に舞手がとりかこまれて、なかなか画面の整理ができない。それのみかカメラマンは「せいと」のいいカモで、さかんにやじられるから十分覚悟したほうがよい。

（昭和三十五年より三十七年にわたり調査）

舳倉島 —石川県—

海女

石川県輪島市舳倉島

海女の楽園　舳倉島《へぐらじま》

数百人の海女が一夏をすごす日本海の舳倉《へぐら》島も、昭和三十四年（一九五九）ころまでは絶海の孤島であったが、この一、二年急速に文化はひらけ、今ではシーズン中毎日商船がかよい、だれでも行ける島になった。

能登半島の輪島市の海に面した西北部には、海女の人たちだけが住んでいる町がある。輪島市海士《あま》町で、戸数三百三十、約二千三百の人口があり漁業を専業に暮している。この人たちの祖先は永禄十二年（一五六九年）に九州の鐘崎《かねざき》という海女の村から十二名の男女がわずか三隻の漁舟でやってきて漂着した。それから四百年後の今日、戸数で百十倍の大発展をとげている。それでも漆器業者の多い輪島の町の人とは生産様式はもちろん、風俗、習慣、方言もかなり異なって独得の生活を展開している。

なかでも、もっとも興味あるのは毎年六月十五日前後に行なわれる舳倉島への島渡りである。

海士町漁業組合が島渡りの日を発表すると、町中はおもちゃ箱をひっくりかえしたような大さわぎになる。なにしろ三百戸以上の家々がてんでに引越の準備にかかるのである。都会の人が離れ島へ避暑に行くような生やさしいものではない。鍋釜、ふとんはもちろん、たたみや障子まで家財道具のいっさいがっさいをつめこむ。そして空屋になった輪島の家は三カ月間釘づけにしてしまう。

　海女の家はどこでもポンポン船を持っている。島渡りの日の早朝はいっせいに荷物をこの舟につみこむ。舳倉島は木が一本も生えていないし、落ちてもいないので、ポンポン船に薪を山のようにきずきのせる。

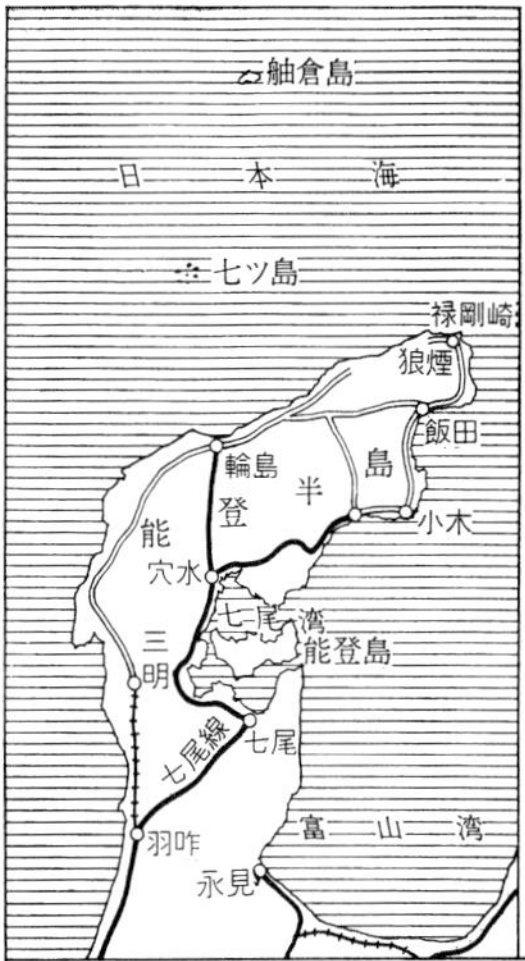

そのピラミッドのてっぺんに犬や猫をしばってつれて行く。

海の生活者はだれでも機敏だ。潮風にきたえた健康な海女たちが両手で力いっぱい荷物を舟にかつぎこむや二百隻以上の舟が後になり先になりして出帆する。これらの舟にはお寺の坊さんもお巡りさんも便乗している。ノアの箱船以上の、まさに民族移動の感がある。

輪島の漁港を出た海女たちの舟が舳倉島につくには約五時間かかる。途中で潮の流れのはやい七ッ島付近では相当ゆれながら、能登半島がかすんで見えなくなるくらい沖に出る。

舳倉島は輪島から真北に五十キロあまりはなれたところにあり、午前七時に出た舟の連中がそろそろおなかがすきはじめる頃、

「島が見えた！」

とだれかがなつかしそうに叫ぶ。みないっせいに立上って瞳をこらす。私には何にも見えないが、海女たちは急にはしゃぎはじめて、流行歌をうたい楽しくなってしまう。

この島はよそ者にはなかなか見えない島なのだ。高さがたった十二・六メートルしかない。周囲はわずか四キロ、東西に細長い岩の島である。だから高い波のしぶきは南から北にこすことだって出来る。そんなうすっぺらな島を水平線のむこうに見つけ

だすのはコロンブスだって閉口しただろう。ところがこの島には灯台がある。島影よりも先に、白い灯台の先が空中にとんでいるケシ粒ほどに見えてくる。海女たちが歓声をあげたのは島影ではなく、この灯台の尖端だったのである。

私は舟にのせてもらった海女の家に泊めてもらう。

舳倉島に渡った海女は、輪島の町にいた時とは気風が一変するほど快活になって海への闘志をたくわえる。お天気がよくて凪《なぎ》ならば毎日のようにあわびをとりに出かける。海女の乗る小舟には櫓《ろ》をこぐ父、夫、兄弟などの肉親の男性が相乗りする。七、八十隻の小舟がいっせいに漁場にさしかかると、海女は舟の舳先に立ってさっと沖衣を脱ぐ。サイジとよばれる褌《ふんどし》一本になり、小舟の上にすっくと立ち上って天候や波の具合、伴舟《ともぶね》のありさまを見る。

私はその時の海女のトルソーをいつも素晴しいと思って眺める。さんさんたる真夏の太陽に光る健康な肌はまぶしく美しい。それにましてたくましい。

海女はこの裸の体に十五キロの鉛のおもりをつけ、三十ヒロあまりの命縄をむすびつける。目には潜水眼鏡をかける。この眼鏡の両脇には卵くらいの大きさの黒いゴムの空気袋がついている。水中深く潜って水圧が強くなると、このゴム球の空気が眼鏡の方にうつって、瞼《まぶた》の水圧をやわらげるのである。

舳倉島の海女は日本一潜水が上手だという定評がある。三十ヒロの命綱のぎりぎり

30メートルの海底をゆく海女

まで潜って三、四十メートルの海底からあわびをとってくる。三、四十メートルの海底といえば六、七階のビルディングの屋上から地上までの深さにひとしい。こんなに深いと、志摩や千葉の海女がやっている顔半分をかくす一つ目の潜水眼鏡では、水圧が強くて作業出来ない。大正時代までは空気袋のついた潜水眼鏡をつかわず、裸眼のままで潜っていた。そのため四十歳をすぎると目をいためる海女が多かった。今はもう昔語りである。

海女は貝をおこす鉄の掛金を持っている。これを一本腰に差して箱型の水中鏡で海底をじーっとうかがうのである。そしてあわびのすみかを見つけるや、掛金を腰からぬいて目をとじて静かに舟ばたを一つ、二つ、三つ……と六つか七つたたく。これは一つに海神《わたつみ》に豊漁と身の安全を祈るため、もう一つは心をおちつけて呼吸をととのえるためである。おそらく昔は前者の呪術的な意味が強かったのだろう。がだんだん近代生活になって、生理的な意義を発見するようになったのだろう。

そして一息大きく吸いこむと、あざやかに水沫をあげて海底に潜りこむ。いまや海女は人魚にかわる。舟の上では陽に焼けて真黒な肌も海に入ると青白く見える。海女は両肱《ひじ》を体につけたまま、頭を下げて脚の動きだけでぐんぐん潜って行く。

この有様を舟の上の夫は一瞬も目をはなさず注視している。右手で命縄をするするとのばしてやりながら、海底を泳ぐ海女につれて左手で櫓をあやつる。こうして海上と海底の二人の人間の間はいつも命綱が最短距離であるようにむすばれる。海女を水面に引きあげる時間を一刻でも短くしようとするためだ。

　海女はふつう六、七メートルから二十メートルくらいのところを潜ってあわびをとる。一分から二分くらいの潜水時間である。一もぐりで二つも三つもあわびをとる時もあれば、一つもとれないこともある。そして胸のなかの息を極限まで使い果すと命綱をひいて合図をする。

　すると、舟の上の夫は櫓を投げ出し、両腕をスクリューのようにまわして全力で命綱をたぐりあげる。一秒おくれても海女の呼吸は海の中で絶えるかもしれないのだ。むくむくと水面がもりあがって、海女の頭がぽっかりと浮く。海女はすかさずぴゅーっと鋭い音をたてて息吹をととのえる。海女舟のあたりにはこの人魚の激しい吐息があちこちにたちこめて、波の音よりも大きくせつなく聞えるのである。

　こうして三十回潜ることを一しおとよんでいる。午前中二しお、午後三しおくらいはいるから、海女の仕事がどんなに重労働であり、あわびをとる作業がいかに苦しいものかわかる。

　一しおの作業がすむと、海女は舟にあがって十分か十五分やすむ。真夏でも体がすっかり冷えきってしまい、海女は舟のなかに持ちこまれた小さな火鉢にあたる。もし若い母親ならこの時、幼な児に乳をやらなければならないのである。

潜水眼鏡をつけて入水する海女

舟上で櫓をあやつる彼女の夫

私は海女の写真をとるために一日中この舟に乗せてもらった。午前七時ころから午後四時ころまで。舟は進んでいる時はあまり酔わないが、潮の流れにまかせて漂っていると、陸に暮しているものは参ってしまう。きっとその時、私は青い顔をしていたのだろう。写真をとることも出来ず、ただ青空の雲のうごきを放心して眺めているきりだった。

二しおも三しおも潜って疲れきった海女は舟の上にころがりこむと、私のためにあわびを一つ取りだしてくれた。そのあわびをからの貝殻で身をそいでさらに刻むのである。これはまるで石器時代の貝庖丁の使い方そのままだ。海女はあわびのはらわたをとりだし、つぶして上手にあわびにまぶした。

「さあ、これを食べて元気をつけなさい」とやはりあわび貝のお皿にのせてすすめてくれた。

そのあわびのどんなにおいしかったことか。海の青さのさなかにあって、私は象牙《ぞうげ》色のあわびをいくつもいくつも食べた。これこそ食べられる真珠である。

「あわびを食べると目のきれいな子がうまれるからねえ」

とひとりごとのように語って、彼女も食べた。あるいはこの若い人妻の海女はみごもっていたのかもしれない。

海の荒れた日は舟を出せない。海女たちは友達や親戚とささいあってから、かちに行

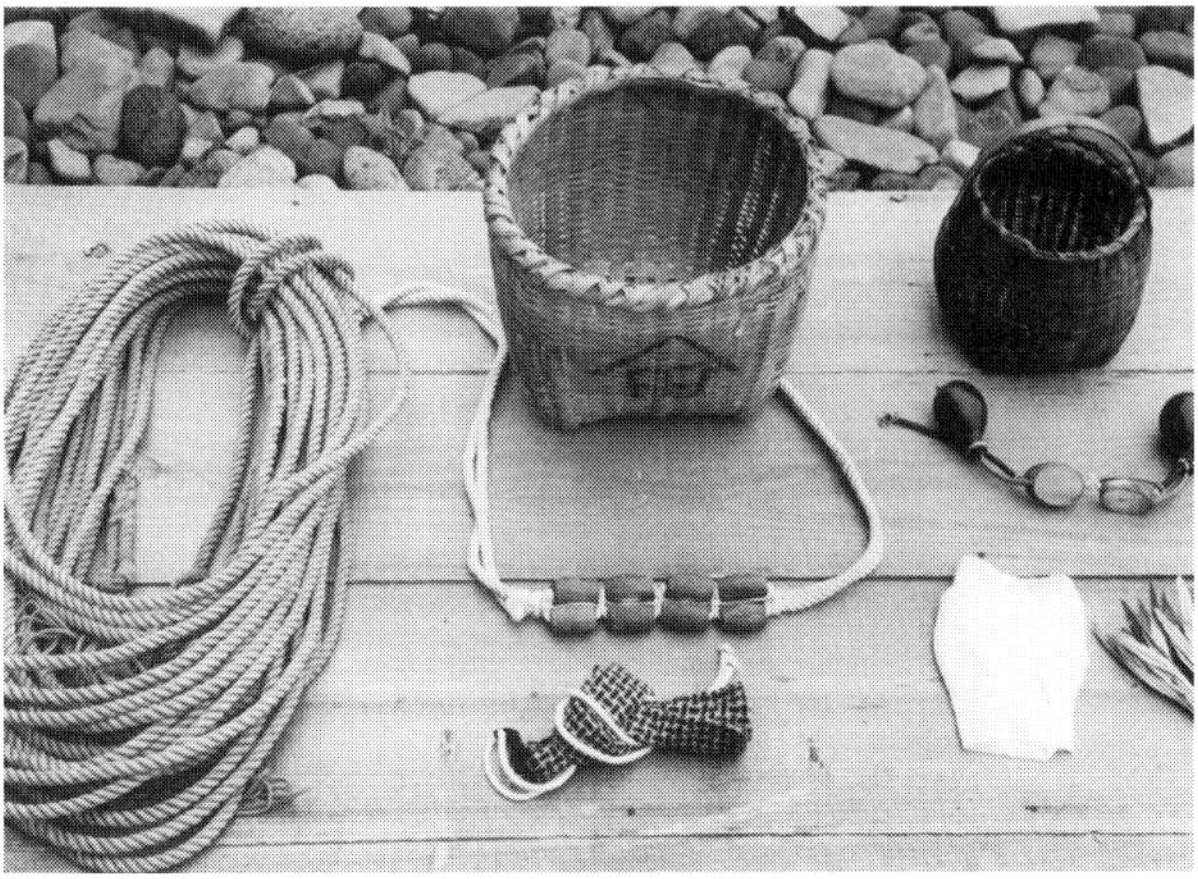

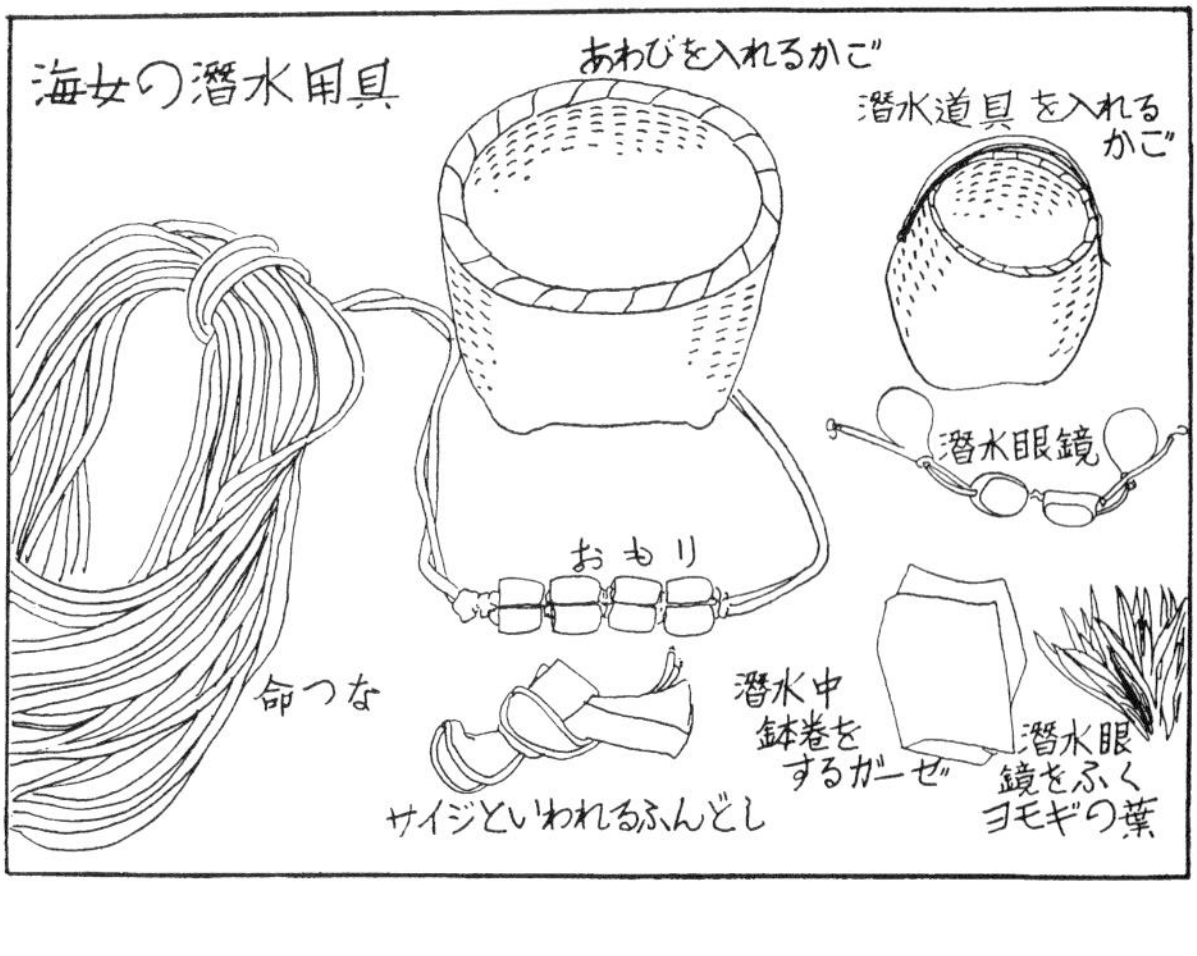
海女の潜水用具
あわびを入れるかご
潜水道具を入れるかご
潜水眼鏡
おもり
命つな
潜水中鉢巻をするガーゼ
潜水眼鏡をふくヨモギの葉
サイジといわれるふんどし

く。一人が一つずつ大きなたらいを背中にしょって行く。このたらいは海女がお嫁に行くときも持って行く大切な商売道具だ。

からかちは二、三メートルの浅いところで、せいぜい五メートルとは潜らない。体をさかさまにして二本の脚をすーっと空中につきだしてから潜り、さざえや天草、わかめ、えごなどをとる。どんなにとってもこれらのものではあわびの収入の十分の一くらいにしかならない。それでも海女は家の中で遊んでいるよりはましだという。からかちは海女の子供が潜水技術をおぼえる出発点なのだ。そのためか母親は子供をつれて、からかちに出かける。

海女の世界は女の働きがものをいう。昔は女の子が生れるとお祝をし、男の子が生れると「団子の子」といって歓迎されなかったという(最近では漁業組合が組織化されるにつれて、男の一般漁業の生産力が海女のあわびよりものびて、意識はかわりつつある)。海女の子は三つ四つから海になじみ、小学校時代にはもうからかちについて行ける。

十七、八歳からあわびをとりだして二十五歳から三十五歳までが一番の働き盛りだ。したがってその時代は一家の中の発言力はなかなか強い。農村のように六十歳のお姑さんにがんばられてむやみにいばられるということはあまりない。しかし収入

船の中であわびをかぞえる海女

力のあるものが嫁いでいくと、急に家計のバランスがくずれるので、今少し今少しといっているうちに晩婚になりがちだ。

私は二週間、若いお嫁さんと義妹の海女のいる屋根の下でねむり、同じものを食べあって暮した。海女は家のなかでは男たちの食事をつくり、子供の面倒をみ、洗濯やつくろいものをして、ごく普通の日本のつつましい女たちである。

舳倉島には木が一本もはえてはいないが、泉は良質のものが二十七、八カ所もある。海からあがった海女はこの井戸端に集まっておしゃべりをしながら洗濯をするし、飲料水を汲みだす。島の社交場であり、インフォメーション・センターにもなっている。私が海の中に片靴を落っことしたというニュースは、この三十近い井戸をまたたくまに馳けめぐって一軒のこらず知れわたってしまった。この便利さ（時には不便さ）は今もって有線放送の比ではない。

舳倉島に二千人近い人々が住めるのは、いつにこの情報井戸があるためだ。

最近ではあわびのほかにとびうお、鯛などの魚がとれだし、冬の漁も十分あるところから、舳倉島に定着する漁家がだんだんふえてきた。戦前にはわずか十戸あまりだったのが、現在では七十戸以上になっている。男性の漁業経済が成長していることを示すものだ。

舳倉島から海女のあわびをとる姿はまだまだ消えないだろう。がそれにもまして男

舳倉島の海女の部落

性経済力の向上は島の生活にさまざまな近代化をもたらした。電燈は昭和三十五年から自家発電でつき、輪島と舳倉島の間には電話もひけた。

現在の舳倉島は今なお観光、海水浴というのにはほど遠い。命をかけて働いている海女たちにとって、レジャーブームで訪れた人たちからのんきな顔で見物されたのではたまったものではない。海女の社会が都会の人たちに好感を示さないように思われるのはそのためである。

ことに六月の島渡りから七月いっぱいは、あわびのよくとれるシーズンである。海女たちはこの共同体のなかにあって、仲間に猛烈な競争意識をもつ。一息でも長くして一つでも余計にとろうと命をか

灯台の頂上から眺めた、舳倉島の港

ける時である。どんな美人であることよりもあわびとりの上手なことのほうが誇りのもてる社会に生きているのである。

海女の生活にふれたい人には八月後半の島渡りをすすめる。このシーズンに入れば、海女の収入もさだまって気分の上でも落ちついてくる。海女と友達になり、様々な話を聞かせてくれるのもこの頃である。

毎年七月十五日に舳倉島では水上運動会がはなばなしく開かれる。潜水では島一番の海女もたらい舟競漕ではあえなく沈没して拍手かっさい。これが海女の島の人にとっては一年中で一番楽しい時だ。舳倉島なるものを日帰りでちょっと見物したいという人のためには最適の日であろう。

（昭和二十八、三十七年調査）

木地屋の村めぐり

—福井県・石川県—

西谷村への道

深山に残る日本工芸の伝統

木地屋《きじや》の村めぐり

福井県大野郡西谷村温見《ぬくみ》・大野市上打波鳩ヶ湯・石川県江沼郡真砂《まなご》

東京を夜行でたって早朝、福井駅についた私は同じ構内の越美北線にのりかえる。行く先は越前大野駅。約一時間にして、奥越《おくえつ》とよばれるあたりの中心地、大野市につく。

いったいこれから私はどこへ行ったらよいのだろう。福井県と岐阜県の境に住んでいるという木地屋の村を訪ねたいのだ。

青森県から鹿児島県まで、日本列島を縦断して背骨をなしている山脈の中に点々と住み、十世紀近くを移動して生活してきたという木地屋の人たちはどこにいるのだろう。もちろん、交通公社や駅の案内所に聞いたとてわかるはずもない。

私はあてもなく早朝の大野市をぶらつく。やっと目をさました商店街、シャッターや雨戸を店員がねむそうにあけている。

いくつか大通りをまがって、七軒通りという道に出る。道の片側に朝市がたっている。

今や裏日本に来ないと見られないなつかしのバザール風景。

さすがは奥越だ。お婆さんたちが軒なみに山菜をならべて売っている。

ワラビ、ゼンマイ、サトイモ、ヤマイモ、ヤマウド、フキ、グミ、ススタケ。山芋は蔓草にからませてあるのが嬉しい。真赤にうれた山ぐみもある。二十円買ったら一升マスに一杯くれた。子供の時口をとんがらせて食べたのと今も同じ味でなつかしさが胸に湧く。

　山ぐみを売ってくれたお婆さんに聞いてみる。

「このへんに木地屋の村はないかね」

　お婆さんはうさんくさそうに私を眺め、その問いには答えず、

「お前さん、どこから来たかね」

「東京からさ」

「どうもそうだと思った。今頃木地屋の村なぞないさ」

「そんなこといわんで、おしえてくれ

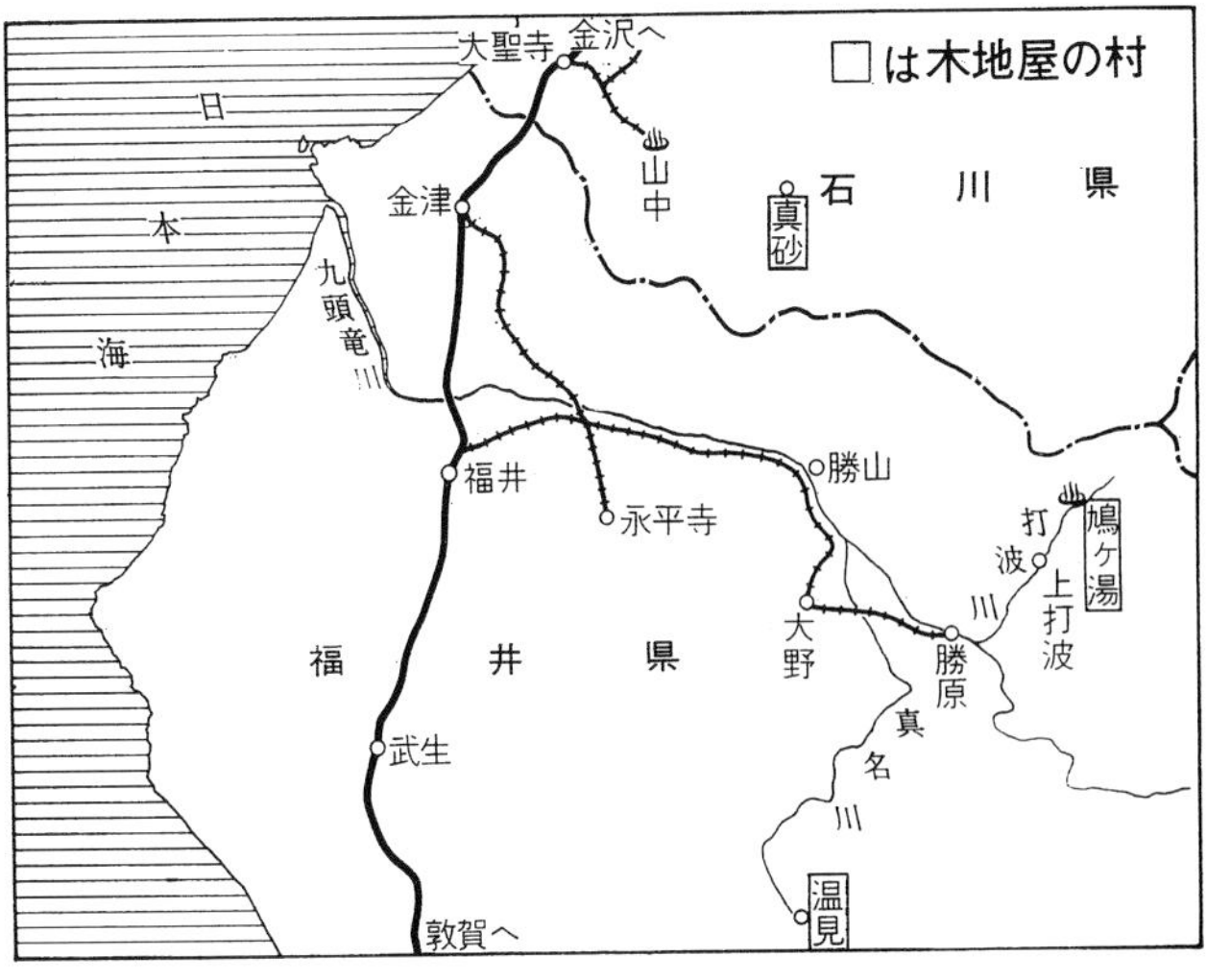

よ」

おせっかいそうな隣の山菜売りのお婆さんが口を出した。

「真名川をのぼった、温見《ぬくみ》は木地屋の村だろうよ」

「温見は遠いもんなあ」

「遠くてもいいから教えてくれよ」

私のたっての希望に、お婆さんたちはよってたかって温見という地点をおしえてくれた。この連中だれ一人として生れて地図など書いたことがない。

「北の方さ一本道をまっすぐ行けばいいだよ」とか、

「今から歩いて行ったら日暮れ前にはつくことよ」とか、たよりにならないことおびただしい。温見という地名だけを覚えてタクシー屋へ行く。

新車がずらりと並んでいる大野市のタクシー屋。

「温見まで行ってもらえますか？」とたんに運転手さんの顔がくもって、

「さあー、どうかなあ、車が予約で満員なんですよ」

「何とかつごうしてもらえませんか」

「聞いてみましょう」

そのうち、がたんがたんとエンジンの音をひびかせて五十七年代の国産車がやって来て、雲助のような運ちゃんが、

大野市にたつ朝市の山菜売り。フキ、グミ、ワラビ、ヤマイモなど

「温見のお客さんは？」とよびかける。

タクシー会社の事務員が出て来て、

「すみません、温見はとても新車では行けませんので」

とあやまりながらオンボロ車の扉をゆすってあけてくれる。新車が行けないのに、どうしてオンボロ車が走れるのだろう。

この車で砂塵をあげて一時間も走っている頃、私はやっと新車が走れなくて、オンボロ車が走れる理由がわかってきた。渓谷真名川の上流はだんだん道と川の区別がなくなる。高いところは山、平らなところは川床か道らしい。そのうち車は川の水の中をジャブジャブ走り出す。なるほど、これでは車体の低い外国車や新車では走れない。車の床まで水が入ってくるので、膝をあげ靴を宙に浮かせて乗っている。

「運転手さん、道を走って下さいよ」とたのむと、

「これが道ですよ。雨ふりの後は二、三日川のかわりをしているがね」という返事。

そんなことをしているうちに川から泥亀のようにはいあがったタクシーは、エンジンをふかせるだけふかして急な坂をのぼりだす。

五月なのに下界からは霞《かすみ》のかかって見えるあたりにさしかかる。

木の葉がくれに村のかやぶきの屋根が見え出す。この部落が温見である。姥《うば》ヶ岳《たけ》（一四五四メートル）の麓にあたる。

私は車をおりて部落の中に入って行く。どうしたことだろう。しーんと静まりかえって人っ子一人いない。しかもどの家の戸口もあけられたままだ。やっと日向ぼっこをしているお婆さんを見つけて話しだす。

「お婆さん、区長さんの家はどこかね」

お婆さんは私の方に顔をかたむけてきょとんとしている。やがてしきりに自分の耳を指差す。耳が遠いのだ。遠いどころではない。まったく聞えない。やれやれだ。それでもこの村の人は全部そろって「ぎぼうしゅ」という山菜を刈りに出払っていることがわかる。帰ってくるのは夕方らしい。今日はだめだ。

静まりかえって死んだような村の家々を一軒一軒のぞいて見る。入口のところに出窓の部屋があって、足ぶみのロクロがおいてある。温見はやはり木地屋の村なのだ。

木地屋とは日本の山岳地帯に奥深く住んでいて、ロクロにかかる木を伐って、お椀やお皿をつくっている職業集団だ。

私たちは家庭生活の歴史を考える時、木地屋の恩恵を忘れることは出来ない。お椀やお盆などをくりぬいてつくることが出来たのは、この木地屋という民がいたためである。日本の木工芸史は裏がえせば木地屋の歴史にほかならない。

木地屋の本拠は滋賀県愛知《えち》郡小椋《おぐら》村（神崎郡永源寺町）にある。ここには木地屋の民が職祖とあおぐ小野惟喬《これたか》親王を祭神にお祀《まつ》りする神社が二つある。一つは蛭谷《ひるたに》（昼谷）の筒井八幡宮、もう一つは君ヶ畑の太皇《おおきみ》大明神である。二つとも全く同じ伝説を持ち、お互いに全国の木地屋集団を支配しようと、かつては勢力争いをしたこともあった。

木地屋とよばれる人たちは明治以前は手回しのロクロを持ち、「木地屋文書」と称するお墨付をたずさえて全国をわたり歩いた。山の入会《いりあい》権のはっきりしなかった時代なので、霞のはる地点より高いところは木地屋の自由に木を伐ることが出来たという。

木地屋の人たちはその姓は多く小椋、小倉、大倉、大蔵、たまに筒井、貫井などと名のり、山の中で姓を聞いただけでもその一族であることがわかった。

二つの神社からは全国に使人を出してこの木地屋同志の全国的な連絡をはかり、また神社への奉納金を集めた。木地屋の方もロクロ師としての免許状や鑑札を持っていないと、この仲間の一人には認めてもらえなかった。それでロクロ技術を覚えると小椋の神社に烏帽子《えぼし》姿で参拝し、改名をしたという。

このために、全国の二千六百人の木地屋の移動、結婚、分家が明確にたぐり得た。明治以後新しい戸籍が出来た時も木地屋は小椋に本籍を持った。

木地屋は皇族を職祖に持っているので、自分たちの家紋に十六花弁の菊の紋を持っている。山の中でこの十六花弁の紋に会うと、昔平家の落武者の一人として皇族が定着したのだろうと考える人がいるが、実は木地屋の集団である。

昭和の初期まで木地屋が使った手まわしのロクロ。左側のかぎに型をつけて削った

木地屋はみるみるうちにロクロで丸いお椀をくりぬく。昔の人にとっては、この技術は魔法使いのようなみごとさに見えたのだろう。それだけに尊敬されたのである。

木地屋を漂泊の民と見る人もあるが、これは詩人の言葉で現実にはあたらない。

一つの経済生活を営む集団が旅をする場合、あてもなく漂泊ということはありえない。そんなことをしていたら全滅だ。確実に計算された安定のある団体旅行だ。インドの焼畑をする種族たちも、日本の海女も、生産にあたって祖先から堅実な収穫を伝えられている。木地屋もその例外ではない。どの山岳地帯にいつ行けば、どの程度の良木が得られるということをよく知っての移動である。

この木地屋たちが山奥でひいた椀や盆は、里にもたらされて会津漆器、竹田椀、輪島塗りとして武士や町方の商人に使われるようになったのである。福井県の場合、山中漆器もその例外でない。

さて、私は温見の部落の裏側に出た。そこは見晴しのよい丘になり、下は真名川のせせらぎが流れている。

川原におりると、少女が一人笠をかぶって川水に山の蕗《ふき》をさらしている。矢のように束につらねた蕗の茎は白魚よりも白く、水の浅瀬に沈んでいる。

少女は見知らぬ私にていねいにおじぎをしてくれた。私は気安さをおぼえてほっとした。

「あなたは温見の村の方ですか」

「ええ」

少女はふし目がちに静かにこたえた。

「この村にはロクロをまわす家がいく軒くらいあるのでしょうか」

「さあー、今ではもうなくなったようです。私が子供の頃まではどの家も木地をひいていましたが」

「やめてしまったのでしょうか」

石川県江沼郡にある木地屋の部落真砂

温見部落の川原で山の蕗をさらしている少女

「やめたというより、一やすみしているといったほうが……」

つまりロクロにかかる良質の木が絶えたのである。すると村の人たちは木地屋から農民の生活にかわり、耕作をしたり、山菜をつんだりして生計をたてている。こうして一世代か二世代を気長に待つ。五、六十年もたって良木がそだつと、また祖先伝来の木地屋によみがえるのである。

木地屋には二つの種類のあることがわかった。一つは良材を求めて山から山へと日本中を移動して歩くもの、もう一つは一地点に定着して木の成長をまち一時的に木地屋になるものだ。

それでも温見の村は、次の機会までにまだ二、三十年はありそうだ。ダム工事がすすみ、道路が日に日に建設されている時に、温見はそのまま何十年も待っていられるだろうか。

「この近くに木地屋の人たちの村はないでしょうか」

「今でもロクロをひいているところですか？」

「ええ」

「近くでは……」

少女はちょっと考えていたが、上打波《かみうちなみ》という部落を教えてくれた。道順をたずねながら地図を見ると、その部落は打波川の上流である。

「これは遠い！」と驚くと、少女は、

「でも尾根伝いに行くと約五里、半日くらいです」

とこともなげに言う。木地屋の部族は山から山へ、山から町へ、直線コースで歩くことを知っているのだ。わがオンボロタクシーがいかに川を渡っても山の尾根までは走れない。やむをえず大野市へ引きかえす。上打波も今は木地屋はいない。情報をえて石川県へ入る。


翌日は山中温泉から石川県の木地屋部落真砂《まなご》へバスで入る。途中、古九谷焼の発祥地といわれる村を通る。真砂も川のほとりにのぞんだ木の葉がくれの山里だった。

区長さんの家へ案内されて、

「ロクロの写真を写させてもらいたいのですが」

と用件をたのむ。木地屋の生産用具は重要民俗資料に指定されているのだが、その生きた生活資料はほとんどない。私たちの祖先に多くの食器を提供して来た職業部族の生活は、今ここで写真にとっておかなければ消滅してしまうのだ。木地屋の村々を訪ね歩いている私の目的はこれにほかならなかった。


山の民らしく無口な区長さんに私は熱心に頼んだ。区長さんはイエスともノーともこたえず、目で、ついてくるように合図をしただけだった。追い返されなかったのを見るとOKらしい。

丸木の橋を渡り、森の中へ私は案内された。そこには二階建の大きなバラックの小屋があった。区長さんはかんぬきを開いて中へ入った。薄暗い倉庫のような家だが、家の中の光景よりも新鮮な木の香が私の全身をつつんで匂う。目がなれてくると、ロクロにかける材料が私の背の三倍も高く、山と積まれている。区長さんはその一つを取りあげてロクロにかける。スイッチをいれるとモーターがうなりベルトがまわりだす。あんがい近代的である。

この小屋は村で持っているのだそうだ。私は村人に仕事をしてもらって木地屋の写真をとった。

手引きのロクロは、この村では昭和の初めから廃物になっていた。区長さんはそれを縁の下から引っぱり出して実演して見せてくれた。村の中にうわさの伝わるのは早い。物好きな人間が東京からやって来たというので、男も女も私を見物に来た。見物に来たのは私の方だったのに……。

無愛想だった区長さんや村人たちは、私の目的がわかると、皆それぞれに木地屋の家ごとに伝承されている宝物を持ち寄って見せてくれた。雛人形のお内裏《だいり》様のかぶるような烏帽子、銅の鏡、菊の十六花弁の入った提灯《ちょうちん》などが出てくる。

明治以前、この人たちの祖先のつくった食器は宮中の奥深く、あるいは公卿《くげ》の屋敷へ運ばれて行ったのだろう。惟喬親王を始祖としてこの部族の人たちだけが、明治維

電気モーターで旋盤式になった近代的ロクロ（真砂）

十六花弁の菊花の紋のある提灯

新以後も菊の紋章を使うことを黙認されていた。

　木地屋はロクロを使うばかりでなく、小さなチョウナを上手に使って玉しゃくしを削り出す。ニューム製とちがって一本一本こつこつと削るのだから、一日に一本か二本、大変な苦労だ。それも青年が実演して見せてくれた。

　食器の材質は陶器をはじめ、アルマイトやプラスチック時代に入って、一つ一つロクロでくりぬくような少量生産では間に合わなくなっている。

　それでも本式の懐石料理やお茶室には、この木地屋のものでないと落ちつかない。木地屋の手になったものは曲線が優美でのびのびとしている。口唇にふれると温かくよくなじみ、神経の抵抗を感じない。お盆などは木質をえらんでくりぬいてあるので長年たってもひずみがこない。これらの製品のなかには目に見えない美点がかくされていて、それは何十年と使っているうちに、わかってくる。日本列島の屋根といわれる山岳のなかに生れ、木の幹とともに育ち、どの木もわが子の体のようによくわかるというのだから、都会で分業生産されるマスプロとは根本的に異なっている。都会では食器は安くなり、同時に消費物資化する傾向がある。この時代に木地屋の食器は消えゆく老兵の不運を味わう。

　私がロクロの写真をとっているあいだ、村の少年たちは、川でイワナをとってきてくれた。ここでは子供たちはイワナを稲妻のような素速さで手でつかまえるのだそう

木地屋のしゃくしのつくり方

山中温泉の木地屋の名人がつくった菓子器

だ。それを串にさし、いろりでやいて御馳走してくれた。ゼンマイ、ウド、ワラビ、ナメコなどの山菜をいく皿も出してくれた。キクラゲのワサビあえは本物のワサビが甘くすがすがしい匂いをたてて、口にいれればさわやかにからい。そしてキクラゲのかみきる口あたりの良さ、全くうなってしまうようなおいしさだった。

今日では木地屋の民は奥山ばかりに住んでいるのではないそうだ。彼らの祖先伝来のロクロの技術を近代産業のなかに生かしつつある。軽工業では万年筆の軸、重工業では旋盤を扱う仕事の人も多い。それでもなおかつだれがどこで何をして働いているか分脈をたどっていけるのだそうだ。日本にはまだ驚くべき氏族の民がいる。

(昭和三十五年調査)

宇波西神事 —福井県—

王の舞の面

三方五湖畔の神秘な祭

宇波西神事《うわせじんじ》

福井県三方郡三方町気山宇波西神社

国鉄小浜線の沿線に三方《みかた》という駅がある。あまり見ばえのしない小さな駅だが、この駅のプラットフォームから北をむくと芦の沢をこして彼方に湖が見える。三方五湖の一つで三方湖だ。この奥に水月湖、菅湖、久々子《くぐし》湖、日向《ひるが》湖と四つの湖がかくされている。

三方五湖から若狭湾のあたりは福井県と京都府にまたがる国定公園になっている。といっても三方五湖のあたりは観光地帯という気分はなく、ひなびた半農半漁の村である。

この五つの湖を一ぺんに見るには三方駅東方一キロにある石観音の裏山に登るか、水月湖の畔にそびえる梅丈岳《ばいじょうだけ》の展望台（三九五メートル）に登るのがよい。

梅丈岳から見おろす景観の方が立体的で五つの湖が足もとに青い宝石のように輝いて見える。梅丈岳に登るには三つのコースがある。三方駅からバスで四十分（ハイヤーなら三十分）海山という湖畔の静かな部落につく。ここから歩いて（車でも行けるが）一時間少しで頂上につく。

または三方駅より二つ敦賀駅よりの美浜駅で下車、バスで十分で久々子湖につき、遊覧船で海山に至るか、あるいは美浜駅から日向へバスでぬけ、日向湖を渡って梅丈岳の裏側から登るコースがある。このコースは海山側コースにくらべて道は悪く、急な坂が多く健脚むきである。

梅丈岳の頂上の第二展望台からは五つの湖とその沿岸の村々が手にとるように見える。まず足もとが水月湖、その水月湖をかなめの軸として日本海岸側から日向湖、久々子湖、菅湖、三方湖と放射状にならんで見える。

そして菅湖の彼方に松の森をなしてしげったところに神社が見える。これが三方五湖一帯に氏子を持つ宇波西《うわせ》神社である。

この三方五湖の村々が宇波西の神をまつる行事は、日本の祭の一つの典型をな

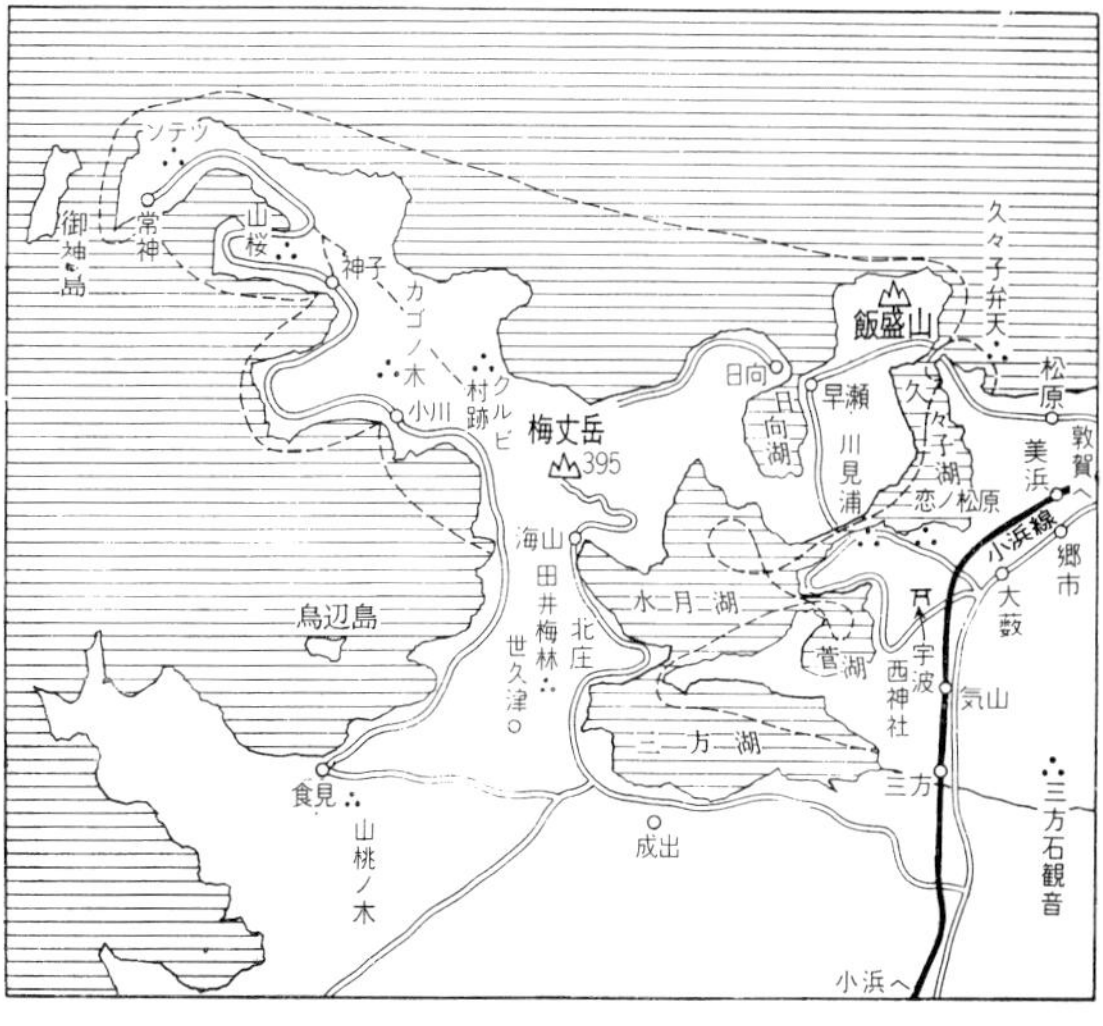

していると思われる。この祭はもっと注目されてよい立派な祭だが、一般にあまり知られていない。

この祭の持っている神秘さや神聖感、芸能の豊富さは京都の一流の祭に決して劣るものではない。

実は左頁の紙上で梅丈岳から三方五湖の湖畔の村々を眺めていただいているのも、一つは宇波西神社のスケールの大きさと、この大自然の美しさを背景にして行なわれる〝日本の祭〟のよさを予備知識として知っていただきたかったからである。

日本の祭の一つの典型的なタイプは、神社から氏子が村ごとに神さまの分霊をいただいてきて祭ることである。村で祭るには神におつかえする当番の家（多くは頭屋または当屋とよばれる）で当番の村人（頭人、または当人とよばれる）がこの役を行なう。そして、神社の祭の日に村人はこの分霊の神の象徴を捧げて神社まで行列する。分霊を神社にもどす時に村人は神に豊作を願い、村中の安泰を祈り、その心のあらわれとして供物を捧げ、芸能を演じて神をよろこばせるのである。これは観光的な祭ではない。それでも祭の当日は宇波西神社に何千人という氏子の群衆が集まって大変なにぎわいになる。

宇波西神社の氏子の部落は気山《きやま》、海山《うみやま》、北庄《きたのしょう》、大藪、金山、松原、久々子、郷市《ごいち》、日向、早瀬、牧口の十一部落である。この部落は毎年交代でそれぞれ祭の役目を持っ

梅丈岳の頂上から三方五湖・若狭湾をのぞむ

ている。

宇波西神社の祭は四月八日ということになっている。この日は各部落からの神の分霊がいっせいに神社にもどってくる日で、当然それに先がけて何日か前に神の分霊が神社から村に行く行事がある。祭の時から始まる。

日を追って記してみよう。

四月三日　宇波西神社の境内を清めるために各部落は浜の砂を持ってくる。海の白い砂は祭の場を清める威力を持っていると信じられているのだ。この砂は、六日にそれぞれの部落の氏子が境内にならしていく。

四月五日　気山部落ではこの日から祭が始まる。気山では「気山諸頭《もろとう》」とよばれる十一人の頭人がこの日、頭屋《とうや》の家へ集まってくる。諸頭とは宮座のことで、この部落のなかで宇波西神社の祭をつかさどることの出来る家筋の氏子である。

十一人の頭屋は一年交代で本頭《ほんとう》（宮座の代表者）が一人、脇頭《わきとう》（副代表者）が二人いる。この三人が主になって宇波西神社の神の分霊をお迎えする。

五日は全部の頭人が紋付に羽織、袴姿で頭屋に集まってきて顔をそろえ、講を行なう。

四月六日　各部落ともこの日に神の分霊を迎える準備に入る。頭屋の屋敷の内外は美しくはき清められてある。

四月に入ったら頭人はあらかじめ美濃紙に神酒、米などをそえて宇波西神社の宮司のもとへ分霊の依代《よりしろ》をつくってもらうように頼みにいっておく。分霊の依代をオハケ（おそらく「御分け」の意味だろう）といい、オハケをつくる日をオハケダチといっている。

当日は、どの部落もそれぞれの頭屋に頭人が紋付に羽織袴で礼儀を正して待っている。定刻に宮司がきて、儀礼としての宴会が始まる。これは固苦しい挨拶や礼儀正しく酒盃をまわしたりする宴会で、一種の儀式である。二献目がすむと、頭人はそろって謡曲の「竜田川」を謡う。その謡曲が謡われている間に宮司は美濃紙を切って立派な御幣《ごへい》を切る。この御幣を切る時は神の依代《よりしろ》の生れる神聖な時である。謡曲が謡われ

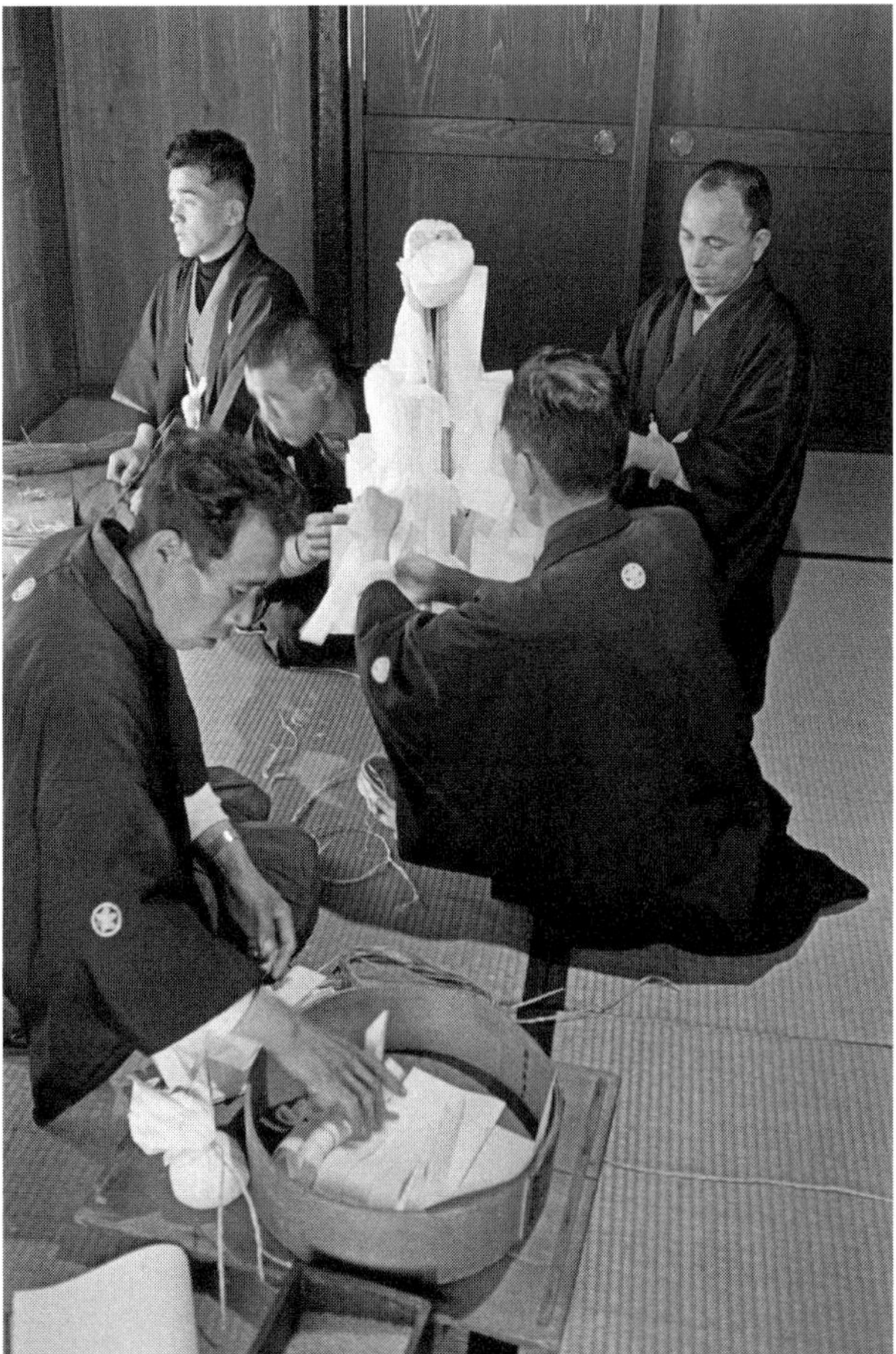

4月6日　気山諸頭とよばれる頭屋の家へ集って神の分霊のよりつく御幣をつくる

るのは謡曲の呪力で悪魔をよせつけないためだろう。

御幣はその後、頭人全員でつくりあげ、床の間にかざって、宮司から神うつしの祈禱をしてもらう。これで宇波西神社の分霊はこの御幣に宿りたもうたことになる。

御幣は何本もつくられ、そのうちの一本は頭屋の玄関前にたてられる。枝をはらった長い竹ざおの先に美濃紙の紙しでと一合くらいの米を美濃紙につつんだオハケが高々とたつと、村人はこの家に神の宿りたもうたことを認めて、祭の日までオハケよりも高いところに登るのをやめる。日向、早瀬の両部落ではオハケは美濃紙ではなく木の削り掛け（木を紙のように薄く削ったもの）で古風をしのばせる。

四月七日　午後から村人は頭屋に集まって神さまに捧げる御供《ごく》をつくる。御供とは神さまに差し上げる御飯のことだ。
御供は粳米《うるち》に糯米《もち》をまぜて、むしきで強飯《こわめし》にふかしたもの一升分をいくつもつくる。重箱位の大きさの真四角だが、日向だけは餅のようにまるいものをつくる。この御供の周囲を白い紙で四角にまき、藁しべでくくる。海山では油桐《ころび》の皮をこの御供の底当に用いる。御供だけでなく御菜《ごさい》もつくる。御菜は干物にしたかれいと海藻が多い。湖畔の海山は淡水魚の鮒をつかう。日向は海の漁場があるので、鯛、さば、かつおなどさまざまな魚を使う。これも油桐《ころび》の皮でゆり輪をつくり、白紙を巻いた藁しべで十文字にくくりつける。

4月7日　久々子部落の頭屋の家での御供つくり。頭人が御供をつくる背後で青年たちが悪魔ばらいの大太鼓を打っている

　宇波西の祭にかぎらず、日本のどの祭でも神の供物をつくり、それをそなえるという行事は非常に大切なことになっている。村人が全力をあげて海の幸、山の幸をそなえるのである。

　宇波西の祭でも久々子部落の場合は御供は頭屋の家の一番立派な床の間のある部屋でつくる。もちろん床の間には神の分霊が飾られてある。頭人六名は紋付姿で白いマスクをかけて御供をつくる。この部屋には注連縄《しめなわ》がはりめぐらされて身を清めた頭人以外は村の何人《なんぴと》も入ることを許されない。次の間には直径三尺もあるような大太鼓がすえられ、そのまわりに青年たちが詰めかけ、ひっきりなしに笛と太鼓で威勢よく祇園囃子、伊勢音頭などをかなでこれは単なる伴奏ではない。やはり御供をつくる時に生々しい音曲の力で悪魔をよせつけまいとする呪術なのだ。それだけに青年は総身全力をあげて両手でばちをふるって太鼓を打ち、笛もさけよとばかりに強い息吹で吹鳴らしている。

その他の部屋では、部落中の氏子が集まってきて、目を皿のようにして頭人の御供つくりを見まもっている。御供をつくる順序や方法に手抜かりや誤りがあっては大変だ。これが原因で後日神の怒りにふれては村中の破滅がくるかもしれないからだ。

春の一夜を、頭人と村人は緊迫した神聖感のなかにすごす。この頭屋にのぞまない村人たちにも熱情的な祇園囃子や伊勢音頭の調べが聞えてくる。その時、久々子の人たちは今こそ村の祭が行なわれつつあるという実感を強める。

四月八日　この日が祭の当日になる。どの部落も八日の午前零時まではすべての用意が終っている。あとはただ思いがけぬ失敗がないようにつつしんで静かに物忌みをして待っているのである。

当日　各部落のなかで一番筆頭の気山から参拝が始まる。

午前一時に気山諸頭はそろって頭屋から出発する。この時六、七歳の子供が神の戸童《よりまし》として御幣を持つ。行列が頭屋の屋敷を出ると同時に高い棹の上になびいていたオハケは倒される。神の分霊はこの屋敷から出て行列のなかに移ったことを示すのである。

4月8日　未明に神の分霊のオハケを持ち宇波西神社に神幸する気山の行列

この行列はいずれも裃姿で二、三十名くらい、御幣を捧げ持っている幣さしのほかに神にそなえる御供物を運ぶものと、芸能団がつづく。

海山、日向の部落は舟で湖水を渡ってやってくる。海山の部落は祭のために清められた舟付場から祭員が何隻かの小舟にのり、朝霞のたなびいた水月湖を出発する。この時村中のものは総出で見送り、注連縄《しめなわ》で飾られた舟は櫓《ろ》の音も静かに水月湖をこえて菅湖を渡り小谷浜に着く。ここで御供物を運ぶ人たちは平坦な道を行くが、幣さしと芸能団だけは切追《きりよう》部落の近くから山を越えて、宇波西神社の裏山を下って現われる。この時、うす緑の山をバックに真赤や真黒な衣装を着た、りりしい若者たちが、白い御幣を捧げ水

4月8日　朝、湖畔のほとりを行く日向部落の神幸

月湖の精といわれる古風な王の面をつけて高いところから降りて来る。人々はこの一行を神の現われと見なすのである。

宇波西神社への道のりが一番遠いのは日向部落（約六キロ）である。行列が一番はなやかなのも日向部落である。

日向部落では午前八時頃出発する。この行列の最先頭には日向の旧家で神社と縁の深い渡辺六郎左衛門が宝剣を捧げて進む。この日の渡辺氏の服装は船烏帽子《えぼし》に素袍《すおう》を着、緋色の綬《おぶさ》を肩から胸にかけている。その他の人々はあさぎ色の裃を着ている。次いで白い幣を持って幣さしがつづく。御供と御菜は二隻の小舟にのって日向湖を渡り、苧《お》部落まで漕いでくる。宝剣を捧げた頭人の行列がやや先に苧部落の舟付場に着き、この二隻の舟の到着を待つ。ここから御供と御菜は少年たちの背中に背負われて宇波西神社にむかう。この行列は桃の花咲く林の下を通り、波光る湖畔をめぐり、菜種の花盛りの小径を歩いて行く。裃姿の行列の美しさは絵巻のようで、今日の時代のものとは思われない。

日向の頭人たちが宇波西神社に着くのは午前十時頃である。

どの部落の行列も御幣を神前にそなえて神の分霊を収めて、持ってきた献饌《けんせん》物を差出し、御神酒をいただいて午前の祭は終る。

午後一時頃、渡辺六郎左衛門が再び拝殿の前に立ち、宝剣を捧げると、これから宇波西の神に捧げる午後の祭が行なわれる。第一級の民俗芸能の幕が切って落とされるのである。

順をおってのべてみよう。

王の舞　宇波西の祭の中心になっている芸能である。この芸能はどの部落でも出来るわけではない。海山、北庄、大藪、金山の各部落が交代で奉納する。

舞の当番にあたった部落は宇波西神社の右側にある庚申堂を宿として、ここで一人の青年が衣装をととのえて神になる。神といっても天孫降臨《てんそんこうりん》族のような格の高い宇波西の神ではなく、村人と同じ側にある神、つまり土地の精霊に近い、格の低い神になるのである。

王の舞人は鳥兜をかぶり、天狗の面をつけ、赤い衣装を着て鉾《ほこ》を持って現われる。この舞人の周囲には裃姿の村人が約二十名警固につき、笛や太鼓の囃子につれて、鉾を振って舞い始める。

おそらくこれは舞楽の「振鉾《えんぶ》」が地方に流入して郷土芸能化したものと思われる。この舞を宇波西の神に捧げることによって豊作や国の平安を祈るのである。

王の舞人が舞っている間に、見物人が警固の垣を破って飛び込み舞人を突き倒せばその年は豊作だといわれ、このため舞は時々デモのように紛糾する。

王の舞は海山が本家本元だといわれ、海山の舞人の使う天狗の面は水月湖の水中か

大薮部落が宇波西の社頭で行なう王の舞

らあがったと伝えられている。

獅子舞　一匹の獅子に二人が入って舞う舞である。大変簡素な美しさをもっていて、舞といってもわずか数分間、あっという間に悪魔払いをして終ってしまう。

獅子の両脇に太鼓打ちが二人左右からつく。太鼓打ちがポンポンと太鼓をたたけば、獅子が首を振ってカッカッと口をかみならす。カスタネットのように高く澄んださわやかな音がする。その時の太鼓と獅子の調子の間がぴったりと定まって気持がよい。獅子自身にも枯れた動きで、むだがない。久々子ではこの獅子は老人にならないと舞えないといっている。つまり舞手になる人は村の長老格の人である。

獅子を舞う村は松原、久々子、郷市の三部落で年毎に交代して奉納している。

田楽　びんざさらとよばれて竹の板を打ちならす楽器、この使手は三人、鼓が二人、小太鼓二人、合計七人でつとめる舞である。船烏帽子をかぶり、あさぎ色の素袍を着た村人たちが古風に上品に舞う。これも豊作を祈る舞である。

奉納する部落は日向と牧口が交代に行なう。以前は気山も田楽を奉納したというが、今では日向が気山の分もあずかって二年つづけて奉納している。

子供神輿　気山部落はさきにのべたように田楽の芸能をやらなくなった。そのかわり、戦後この不足をおぎなうために子供神輿を奉納することになった。神輿《みこし》は一種の太鼓神輿で、それに聖樹を示す松の木のたったものがのった山車《だし》である。子供たちが

久々子部落が奉納する獅子舞

太鼓の曲打ちの要領で交代で飛びこんで打つ。

これらの芸能が終るまで二時間、日向部落から宝剣を奉持してきた渡辺氏は一回も休むことなく、腕をさしあげたままである。これだけでも神技だといって近在近郷から宇波西神社に参拝に来た人たちはみな驚いてしまう。

すべての行事が終ると、日向の氏子たちはまた宝剣を先頭に行列をつくって夕べの湖畔にそって帰って行く。祭に集まった人々も散じて行く。

四月九日　宇波西神社の宮司と気山部落の頭人のうち本頭、脇頭の三人によっておはらいが行なわれる。

三人は宮司宅に礼にやってくる。宮司宅では昨八日の祭の御供、御菜を出し、神酒三献で後宴をはり祭の一切が終る。

　宇波西神社の祭は土地の人から「宇波西神事《じんじ》」とよばれている。神と人間との交流を具体的に、行動の上であらわす祭である。

　宇波西の神事をもし一人で完全に見ようとしたら五年位かかる。たとえば四月七日の御供つくりは、芸能を出す当番にあたった四つの部落が同じ時刻に行なうので、一回の祭で一つしか見られない。四月八日の神社への行列も、時間のずれを利用して自動車でかけまわって三つは見られても四つはむずかしい。その上、各部落ごとに祭のしかたが多かれ少なかれ異なっている。海山部落の王の舞と大藪部落のものは笛太鼓の拍子から異なっている。金山の王の舞は五年に一ぺんしかまわってこない。そうすると全部落のものを完全に見るとすれば、一年一部落で十一年もかかることになる。それだけに組織のぼう大なこの氷山の一角のみが知られていて、今日までかくれている部分のほうが多い。

　三方五湖の湖畔をごく普通の日にめぐっていると、景色のよい、平和な、ひなびた村々にすぎない。全く居眠りつづけているような静かな村である。それが一年に一ぺん春の数日間だけ、神秘的な祭が蜃気楼のように湖畔にあらわれて消えていくのである。


（昭和三十五、三十六年調査）

春の久々子湖畔

山の中の民俗博物館

—広島県—

芸北地方の草木染め

一校長先生の執念の結晶

山の中の民俗博物館

広島県山県郡千代田町有田

広島市内の紙屋町《かみやちょう》バスセンターを出発した島根県浜田行きの国鉄長距離バスは広く気持のよい国道一八二号線を走る。中国山脈を日本海側にこえるこの道路は、可部《かべ》あたりから急に舗装があやしくなり、鈴張《すずはり》に至ると全く竜頭蛇尾のがたがた道。そして蛇尾の方の道がずうっと長く島根県浜田市までつづいている。広島市内を出て約一時間三十分で、バスは山県《やまがた》郡の千代田町に入る。もうこのあたりは標高二百七十メートル、広島市内より三度くらい気温が低い。

一見ごく平凡な中国山脈によりかかる農村の町だが、実はここに日本国内で有名な三つの民俗資料がある。

一つは壬生《みぶ》の大田植《おおたうえ》だ。田圃の真ん中で行なわれる郷土芸能の交響楽団で、毎年六月中旬から下旬にかけて日曜日に行なわれる。壬生の十アールほどある田圃に鞍を美しく飾った牛が三十頭も出てしろをかく。一方ではかすりや浴衣に帯をしめた早乙女が田植唄をうたいながら、青年の大太鼓にぎやかに苗取りをし、田植をすすめてゆく。早乙女の合唱隊だけでも六、七十人も出る大がかりなもので、総勢百人以上が田圃の中に入るこの田楽団には「さんばい」とよばれる指揮者がいる。さんばいがささらをたたいてよくとおる声で田植唄をうたってリードする。さんばいが上の句をうたえば早乙女の合唱がつづいて下の句をうたう。こうして大田植は初夏の日暮れまでつづくのである。

同じ千代田町の有田には出雲系の農民神楽がある。スサノオノミコトのヤマタノオロチがり、クシイナダヒメを中心にして大格闘を演じるスペクタクルだ。その芸の達者さは本場の出雲神楽をしのぐといわれ、農閑期には伊勢皇大神宮《こうたいじんぐう》をはじめ日本各地に招かれて上演して歩く。東京にも毎年一回か二回はやってくる。

最後の一つが芸北《げいほく》民俗博物館（広島県山県郡千代田町有田六五〇ノ一）だ。前の二つは千代田町にいつ行っても見られるものではない。それぞれの時期がある。

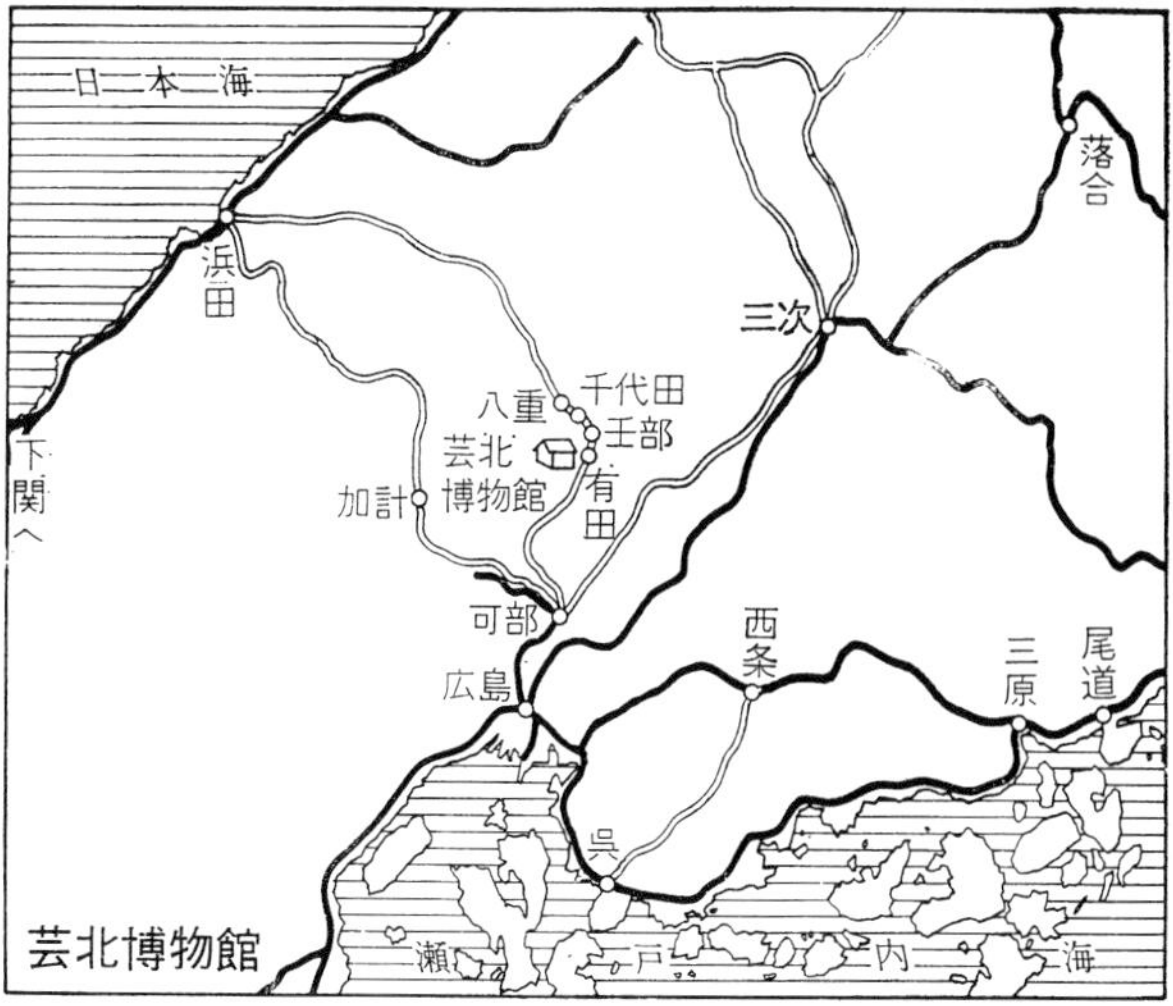

芸北博物館

しかしこの博物館の方は年中開館である。連絡さえしておけば草木の眠る真夜中でも見せてくれる。その点では日本唯一の博物館である。

博物館といっても上野の国立博物館や京都の大博物館を想像して行くとあてがはずれる。農家の庭にある白壁ぬりの土蔵で、「十人以上一度に入ると床が抜けます」なんていう貼書のしてある博物館だ。しかし私達はその蔵の中に国の重要民俗資料に指定された宝物が百七十九点もあることを知ればびっくりする。さらに驚くことは、それが一人の個人の力によって蒐集され、分類され陳列されていることだ。

その人の名は新藤久人《しんふじひさと》（明治四十四年生）氏で、現在はこの千代田町の蔵迫《くらさこ》小学校の校長先生だ。したがって新藤先生が館長兼受付兼小使さんである。

この博物館は入場料をとらないから、だまって入って、だまって見て、だまって帰っても一向さしつかえない。が、農家風の新藤先生の自宅の方にちょっと「今日《こんにち》は！」とか「拝見します」くらい声をかけるのがエチケットだろう。ウィークデーは校長先生はいないが、奥さんがていねいにおじぎをして迎えてくれ、静かに心ゆくまで見せてくれる。一切干渉されない。門限で締め出される心配のない点でも日本で唯一の博物館かもしれない。つまりここにある民俗資料で勉強したいと思えばいつでも、どんなにでも勉強させてくれる小博物館なのだ。

蒐集されているものは芸北といわれる広島県北部の江戸時代から大正時代中期に至

芸北民俗博物館の全景。左側に新藤先生の自宅がある

る農民の生産用具、生活用具、衣料が主で、約一万一千点くらいある。それが民俗学の分類法により三十七項目に分けられているが、二項目だけない。一つは漁村の生活用品、これは海のない芸北地方で鯨を釣り上げるのと同じくらい無理である。もう一つは宗教の呪具である。芸北地方は「安芸門徒」とよばれた浄土真宗の有力な信仰地帯で、呪術を追放した真宗の家からは発見出来ないのが普通である。

この中で新藤先生が特に系統だって熱心に集めたものは紡織《ぼうしょく》用具百十一点、草木染め衣料六十八点（以上の二つは国の重要民俗資料に昭和三十四年指定）と灯火用具六十三点（広島県の重要民俗資料に昭和三十二年指定）である。

文部省重要民俗資料の指定をうけている紡織用具

大正の中期ころまでこの芸北地帯の人々は自分の家で綿から糸をつむぎ、紺屋に染めてもらい織って着た。

紡織用具の中には綿くり、糸車、機《はた》がある。中でも珍らしいのは綿弓だ。四本ある。これは固くなった綿を打ちかえし、ほぐす時に使う弓だ。桑の木に弦が張ってあってこの弓を竹ざおで天井からつるす。弦の部分を綿にふれさせ、木槌で弦をたたく。その振動で綿がほぐれていくのである。弓といえば古代からの武器としか見なさないが、昔の人は弦の微妙な振動をさまざまに利用した。東北の盲の巫女《いたこ》が死霊をよぶために使った弓太鼓もその一つだ。

草木染めの衣料は博物館の二階の隅の長持の中に保管されてある。衣類や布団地などが主で、一世紀ほど前のものだが、デザインのモダンさに驚く。この中国山脈の田舎にこんな新鮮な感覚の作品が出来たのは、和田菁華、服部菁藍などの南画家がいたからだ。

草木染めは名にあるように染料を植物からとった。

赤——あかね、おりぎり草の根

紺、藍——藍

黄——銀杏の葉

ねずみ色——どんぐりの皮

茶色——茶の葉、おおれん

染め方には紙型をつかうもの、糊を今のローケツ染めのように塗りかためるもの、板染め、はけ染めなどがあった。

染め上ったものは化学染料のようなあざやかさはないが、生活になじんだやわらかい色調がある。私たちの暮しを落ちつかせてくれる色である。色止めの方法は考案されなかったから洗うと色が落ちたりにじんだりする。

わが国には明治初期から化学染料が輸入されはじめ、大正時代には全国にことごとくゆきわたった。それが同時に草木染めの終焉であった。われらの祖先の生活に直結した芸術は産業革命の前に静かに消えて行ったのである。しかし草木染めの色調自身

大正時代まで綿をほぐしたという綿弓。持っているのは博物館長の新藤久人氏

のやさしい味は化学染料を反省させるのに役立った。おそらく今後もこれらのデザインや色調は近代人の手によって民族の間に何回もよみがえり、有形、無形の財産となるであろう。

博物館の二階の北側の壁面を占領しているほこりだらけのものは灯火用具だ。灯油を入れた石の皿、可愛い灯心の油壺、あんどん、ランプなどだ。特にランプはよく集まっている。卓上ランプ、手さげランプ、さか吊りランプ、竹筒ランプ、がんどう、農民が使っていたアメリカ製のランプ（広島県はアメリカ移民の多い地域で、移民から帰って来た人たちの手によってもたらされたもの）その他、うぞうむぞうのランプがある。皆芸北地方の農民の夜の

広島県重要民俗資料に指定されている灯火用具

生活を物語るものばかりだ。

まだ新藤先生が灯火用具を集め出してまのない頃の話である。広島市に出て、町の電車に乗っていた。ふと車窓の外に目をはしらせると屑屋さんが荷車の上にブリキ製のランプをのせて引っぱっている。新種発見！　新藤先生は矢もたてもたまらなくなった。運転台につめより、電車の運転手さんに、

「あんた見いさい、わしあほしいけい、電車を停めてくれい！」と言ったが、運転手さんは、

「それは出来んさい」とことわって停めてくれない。それでも新藤先生は頑張って、

「出来ても出けんでも停めてくれい」と走っている電車から飛び下りてしまった。

その時電車はかなり走りすぎて屑屋さんの荷車を見失っていた。新藤先生はあちこちかけめぐってやっと発見することが出来た。後から追いすがりながら彼は叫んだ。

「そのランプ、二百円出すけん、売ってくれんけーなー」すると屑屋は余程びっくりしたのだろう。

「五十円より安うは売れーん」と答えた。その問答が商習慣をはずれているのに二人ともすぐ気がついた。お互に顔を見合わせて苦笑いしながら歩みよって百円で交渉は成立した。

電車の中に新藤先生の教え子の父兄が乗り合わせていて、この評判はたちまち千代田町中になりひびいた。新藤先生には「ボロ買い先生」というあだ名がついた。

その頃から新藤先生の民具蒐集の計画がたち始めた。小、中学校の生徒の家庭に、

「何でもいいけえ、いらんもんくれんさい、古いもんくれんさい」

とよびかけた。こうして昭和二十六年（一九五一）の開館までに下駄の先祖といわれる大足踏はじめ四百点を集めることが出来た。この時新藤先生は、いらないものでも、もらいに行くと急に惜しくなる習性を持っているのが人間だということをつくづく知らされた。他の動物にはそんな複雑な心理はないそうだ。おかげでただでくれるはずの藍がめも高いこと吹っかけられて思いとどまらなければならなかったという。

こうした苦心のかいあって芸北町八幡から饑饉《きき》俵のようなものまで蒐集出来た。こ

れは籾の入った一斗俵で、農家の天井に吊るしておくものである。いざ饑饉となった時、切り開いてかゆをつくり次の稲作までの露命をつなぐ。新藤先生が発見した時にはこの俵に明治二十年からのすすが真っ黒につみ重なっていたという。このすすこそ時代を物語る大切な資料だと判断してこもにまいてバスにのせようとしたが、ここでもバスの車掌さんにとがめられ、明治二十年来のすすの価値について大論争をしなければならなかった。

新藤先生の熱意は村の人々にようやくわかりかけて、その頃はあだ名が「げてもの先生」「物好き先生」にかわっていた。昭和三十四年、文部省重要民俗資料に指定され、これが国の宝になると聞いて村の人は皆あっけにとられてしまった。宝物というのは殿様や金持ちが持っているものと思っていたからである。芸北地方の人ははじめて己の祖先の名も無き遺産が歴史の資料として価値あることを知った。そして比婆郡《ひば》で十六代もお医者さんをしている家では、三つの倉に入っている生活資料を博物館に全部寄贈すると申し込んでくれた。喜こんで受け取りに行った新藤先生は、トラックの運賃が八千円にもなると聞いて飛び上って驚き、しおれてしまったという。当時の八千円とはちょうど彼の一家の生活出費に相当したのである。しかし教え子の中で三輪車の運転手がいてガソリン代だけで運んでくれた。

こうして新藤先生の博物館は芸北地方のさまざまな人の協力を得て出来上った。今ではあだ名も出世して「文化財先生」になっている。博物館の入口に貼紙がしてある。少し長いが引用してみよう。

「本館はやたらに古物を集める骨董的な趣味からつくったのではありません。

文化的水準のひくかった時代に遠い昔の人は粗末な道具を使って生活して来ました。私達の遠い祖先の人々の生活の苦しい不便な有様や姿を永久に子孫の者に残すためです。その意味において一箇の大足踏、一つの杵など一つ一つの民具の上に長い期間にわたってはらわれたであろう有形無形の血のにじむような祖先の苦心と努力を見ていただきたいのです」

まさにその説明どおり、この土蔵の博物館には安芸農民の汗と血と、そして生活用具への考案の結晶がみちみちている。

実はこれら一万一千点の農村生活の資料が安芸農民の汗と血であることを、人生を通じて一番よく知っているのは新藤先生自身にほかならない。

彼は現千代田町の農家に生れ、十三歳の時に父を失い、母を助けて生活した。当時十三歳の彼が学校のかたわら八十アール（八反）の田を耕し、田植から稲刈まで全部一人でやったという。ほかの人が中学校に通う時は、新聞配達をやりながら学資を得、講義録のみで勉強して、昭和六年には師範学校の検定試験に全課目をパスすることが出来た。なみなみならぬ意志と体力で貫いた人生である。農耕と勉学とを両立させた彼にとって、農民生活のつらさは骨身にこたえただろう。それだけに農具を通じての祖先の汗と血が誰よりもよくわかるのである。

　昭和十八年、わずか三十歳で彼は小学校の校長先生に抜てきされる。といっても先生二人、生徒二十一人といった小さな学校だ。それ以後二十年間、芸北地方の小、中学校の校長先生を歴任し、結婚し、家庭をつくり、そのかたわら民具の資料蒐集に全力をあげて来た。

　そればかりでなく、壬生の「大田植」の保存には力をつくし、『田植行事と田植唄』という立派な研究書を出している。また「有田神楽」はその顧問という資格で農村の人々を指導し、県外出演には旅なれぬ村の人たちにつきそって面倒をみている。これもその結果が『芸北地方の神楽』という研究書にまとまって出版された。

　新藤先生という人は自分で環境をつくり、その中で力一杯に生き抜いて行く人だ。「がむしゃらだ」「おしが強い」という評判もあるが、それだけに疎外もされない。本人は他心をまじえず生きる道をまっすぐ歩く。自分をとりまく条件の悪さに弱音をもらす時、私は新藤先生を思い出して己を激励する。

　その新藤先生が待ちこがれているものは定年退職だそうだ。

「定年になあたら、わしゃ一日も早ようやめさせてもろうて、博物館にせい出しますわいなあ」

と語る。資料を充実し、芸北民俗博物誌を出版するのだそうだ。定年後に人生最大の馬力を発揮しようという希望はたのもしい。

ところが、最近はこの博物館に寄贈する協力者がふえ出して来て、ついに蔵の中には入りきれなくなった。目下蔵をつぎ足し中である。上下合せて二十坪あり、前の蔵よりも少し大きい。東京の学校から帰省した息子がこれを眺めて、

「おやじは僕に送ってくれる金は大丈夫かなあ」と心配している。

日焼けした丸顔、童顔の新藤先生は、

「博物館も子供と同じじいで、見んさい、ここまで育つと後は一人で大きくなりよる」

という。民具資料のテレビ貸出や出演、新聞社への民具文化財の解説原稿などの報酬をあてて、気長にぽつぽつたてて行くのだそうだ。

走っているバスの中からはちらっと一瞬しか見えない、中国山脈の中の小さな博物館。しかし私はそれを新藤久人館長の城とよびたい。そこには祖先の汗の生活を物語る遺物と、彼自身の充実した人生の努力の結晶がある。

（昭和三十七年調査）

大東町　—島根県—

一見、特色のない山村だが……

島根県大原郡大東町

生活派の観光地　大東町

　松江駅を出た横田行きの汽車は客車がたった二両、しかも前の半両は郵便車で乗客はまばらである。私は一人で四席分をしめ、斜めに寝ころび、脚をのばして美しい宍道湖畔をのうのうと旅をする。

　行く先は大東町《だいとうちょう》の山王寺という出雲神楽師の住んでいる村。松江で旅行好きの大学生に、「山王寺に行く」とつげたら、

「ああ、島根県のチベット！」

と答えた。それほどでもないが、日本海側の中国山脈にかかった中間山村地帯で僻地のあつかいをうけているところだ。

　一時間半後、国鉄大東町駅に下車、神楽師のAさんが迎えに来ていてくれる。Aさんは神楽でヤマタノオロチをやる。五メートルもある大蛇の胴に入ってスサノオノミコトと四十分間も大格闘をやる村のエースだ。

　大東町の町を通りぬけ一時間近く山道をぐるぐるまわってゆくと山王寺の和野という部落につく。松江市内より気温が三度くらい低い。遠くまで中国山脈の山なみが見はらす限りつづく。人はここをチベットとよぶが、山王寺の住人たちは故里を高天原

といい、大東町の町や松江市へ出ることを下界へ下りるという。

その山の急な傾斜面にせまい田圃が刻みこんで出来ている。上の田からかけ水で灌漑するのだから水温も冷たく肥料も流れてしまうだろう。それどころか夏から秋にかけて豪雨が降ると、傾斜面の地盤がゆるんで田圃一枚がそっくり谷底へずり落ちてゆくこともある。

神楽師の人たちはそんなところに住んでいる。ふだんは農民で、シーズンになると出雲大社はじめ、伊勢、新潟までも出雲神楽の旅に出る。みんなくったくない好人物ばかりで、昼間から一升ビンを林立させて私を待っていてくれた。用件は私がかつて写したこの人たちの神楽のカラー写真で絵葉書をつくりたいという

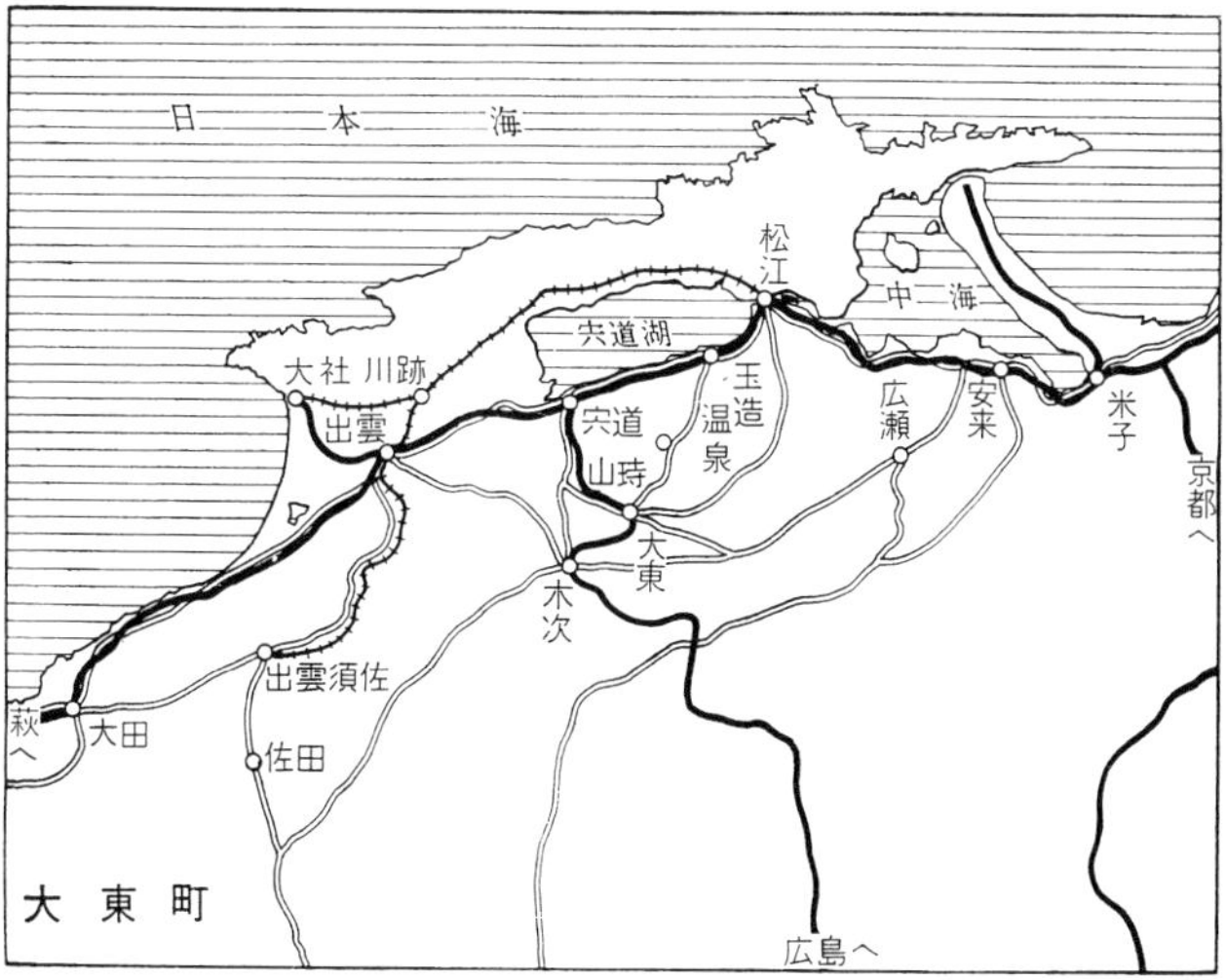

山王寺の出雲神楽。ヤマタノオロチを退治するスサノオノミコト

ことだった。私も異存はなかった。

何でもこの大東町にも年間一万人以上の観光客がおしよせてくる時代になったのでぜひ絵葉書が必要になったという。

私は神楽師たちと酒をくみかわしているあいだにだんだんわかってきた。山王寺をふくめて大東町の農民に神武《じんむ》以来の方向変換が始まりつつあるのだ。

今までの農業といえば米作中心に自給自足の考えで生活していた。ところがこの数年来、大東町は町ぐるみ交換経済の農業、しかも米作から養鶏と酪農へ切りかえつつあるという。それはヤマタノオロチの家でも乳牛を三頭飼いだしたことで端的にわかる。今まで虎の子のように持っていた祖先伝来の田圃の七十アールをつぶしてクローバーの牧草地にしたというのだから、決心のほどがうかがわれる。

「神楽舞ったり、牛の乳しぼったりでは忙しいね」と問えば、

「もう農閑期なんか無くなりそうだ」という。

乳牛は大東町には昭和三十二年にはたった四頭しかいなかった。三十六年に五百六十三頭になり、三十八年は千五百頭を突破する見通しだそうだ。

日本の農村は今、弥生《やよい》式時代以来の大きな構造改善時代に来て、米作中心の価値体系に変化がおきつつある。よし、今度は出雲神楽をやめて大東町の村の生活そのものを見てやろうと考えた。古い型の農村から新しい型の実験的な農村へ移ることは村人の意識をどんな風にかえるのだろうか。

私は山王寺を下りて大東町の農村中心地帯へ入って行くことにした。バスで村の集落を通る時注意して見ていると、どの農家も数百羽飼えるパトリー形式やケージ形式の鶏舎を持っている。この道は神楽の写真を撮るために何回も通った道だ。それなのに全く気がつかなかった。旅の認識のひ弱さとはそういうものだ。目的を持たないと何一つ見えないし掴めない。

別に知り合いではないけれど、近代的で大きそうな鶏舎を持つ農家へ入っていった。その家は父と息子が二人でミサイルケージという針金製のモダンな鶏舎を組立てていた。

「ちょっと見せて下さい、大変ですね」

と私が挨拶ともお世辞ともつかない言葉をかけて近よると、

「いやー、それほどでもありませんよ」と答える。

現在は親子三人で白色レグホンを千五百羽飼っているのだそうだが、半年後に四千羽までふやしたいと語る。この家も昭和三十二年までは全然鶏を飼った経験がなかった素人だった。

大東町が昭和三十二年に疾風怒濤《しっぷうどとう》の勢いで「町ぐるみ十万羽養鶏」のPRを始めた時は無理やりに説得させられた型だったという。このあたりは乳牛も鶏も飼ったことのない農村だったので、当時はどこへ行っても大東町役場の独走的な養鶏方針に、農民は議論百出で容易に協力を示さなかった。ところが家計をあずかる婦人たちだけが、今のままの生活では電気洗濯機も買えない、養鶏でそのへそくりをつくらなくてはというので「鶏飼いましょう」運動がおこり、姫路市に「鶏見学旅行」という婦人会のバス旅行まで行なわれた。

大東町にとって十万羽という巨大な数字はどうして割り出されたのだろうか。今までたった二千羽しかいなかった農村なのに。

それは、山陰地方の鶏卵の相場を支配している京阪市場を買手に考えて、鶏卵を出荷するとすれば最低毎日一貨車の定期出荷が合理的な方法と役所のそろばんの上から

大東町の全景。中央のビルは大東町町役場

はじき出したからである。一貨車には六万五千──七万個の卵がのる。それには成鶏十万羽の飼育が最低の生産経済単位ということになる。十万羽を基準にして鶏卵施設、育雛舎、飼料の共同購入、共同出荷をやっていけば、農村として何のとり得もない大東町が生産地としてはじめて成り立つのである。

「当時は毎日毎日が町役場の独裁政権による革命的ムードでしたよ」と主人は語る。

「それでもこの運動の中心はT町長とNという若い課長さんでしたがよくやりましたねえ。今考えると農民を説得するというよりは、農民の無知、臆病さと戦ったのでしょうねえ」

大東町二千七百戸の農家のどの家にで

も鶏を飼ってもらうには、素人が安心して飼える方法でなければならない。個性の強い篤農家《とくのうか》相手では成功しないのである。そのためには専門の指導者がオートバイでかけめぐってたえず診断しながら生産をすすめていき、事故があれば、指導員の認定で保険金まで出るシステムでやった。だから飼いだすまでは大変だったが、飼いだしたらそれほどでもなかったという。ただ自分の家だけ飼っても、皆が飼わなければ六万五千個の卵は得られない。それが一番心配だったそうだ。それも昭和三十五年には達成し、現在は十三万羽の養鶏がいる。

千五百羽も鶏を飼っていながら主人はこういう。

「二十羽、三十羽の養鶏はラジオみたいなもので、ちょっと器用で知識があれば自分でつくっても成功します。千羽をこすと、もうテレビですわい。自分の物でも自分では組立も故障もなおせません。専門の研究者が何人もついていてくれないと飼えません。管理と利益だけが私のものです」

この考え方は今までの農民になかったものだ。生産手段を共同化、集団化に近づける第一歩の意識である。高度の技術とは分業と協力の上にのみ与えられる。これなくして共同化は意味ない。

「養鶏で生活は楽になりましたか」

彼はちょっとてれながら、はっきりはいわなかったが、

養鶏の鶏舎をつくる大東町の農民たち

「ええ、まあ、千五百羽もおりますとなあ。息子は四千羽飼うんならサラリーマンや工員などはなりとうない、いってますわ」

この家の収入を臆測するより、大東町の農家全体を町役場の統計表によって見てみよう。

昭和三十一年には農家の平均粗収入は十八万三千円（所得額十三万二千円）だった。このくらいだと一年間の現金収入は八万円くらいで新聞をとる余裕もない。働く意欲すらも疑問である。ところが昭和三十四年に粗収入は三十二万四千円（所得二十一万六千円）となっている。この伸長率の全部が養鶏のおかげとはいいきれないが、まあまあそのおかげだろう。さらに推計すると昭和三十八年には粗収入八十四万五千円（所得三十六万二千円）となり、四千羽も鶏を飼っておればサラリーマンなどおかしくってということになりそうだ。

どうも話がうますぎて、私もそのままのみこむには多少気になるが、この家の人にとっては嘘でもないらしい。

「養鶏を成功する秘訣は何ですか？」という問いには、

「産卵率のにぶった鶏は一日も早くつぶすことですね。飼料は高いから」

と言下につげる。この一言で私は大東町の農家が商品経済の考えで鶏を飼っていることを知った。

八千羽を飼う「大東ポートリ・フォーム方式」の養鶏場

私はこの家を辞した。

次にまんぜんと訪れたのは乳牛を飼っている家だった。その家もパタリー式の鶏舎で二百羽くらいの養鶏をやっていた。乳牛を五頭、山羊を三匹、大きな池に鯉を五百匹位飼っている。これだけやっていると田畑の方には手がまわらないそうだ。種をまくのは野菜が少し、農民というよりは動物民だ。

大東町には美保《みほ》神社の信仰の流れをくむエビス講というのがある。この人たちは美保神社の氏子と同じに絶対に鶏肉と卵を食べない。美保関《みほのせき》の町には一軒だって親子丼やうで卵を見ることは出来ない。インスタントのチキンラーメンも入らない。大東町のエビス講の人々も同じく鶏はタブーである。そこへ鶏十万羽旋風がおきてからはエビス講の人たちが集団反対をして一揆さわぎだったという話を聞いた。

大東町は植物の農業をやめたわけではない。ブルドーザーをいれて湿田の乾田化も行なっているし、桃、柿の果樹栽培、茶の振興もはかっている。山林は広葉樹から針葉樹に切りかえていることは山の林相を見てもわかる。それにもまして養鶏、酪農の比重と成長率は大きい。わずか三、四年での米単作農家からの急転回である。

私はこのプロモーターたちに会ってみようと思い、大東町町役場を訪れた。

四十代の町長は洋行中でいなかった。それで養鶏運動の中心人物、産業課長に会った。思ったよりも若く三十歳を幾つかこしたばかりの技術家肌の人、とても農家収入を倍にした興業主とは見えない。

「大東町は養鶏ブームだそうですね」と水を向ければ、

「いやー、とてもとても。青息吐息でやっとここまで」といって彼はけんそんな笑い。

村の人から聞くと何だか四、五年間にすらすらと十万羽飼えて町民の収入が倍になったように思えるが、どうして、この五年間死物狂いだったという。

まずはじめに農林省の農業総合研究所に大東町の実態調査をしてもらったら、正直なところ適正産物は何もないという悲しい報告、その中で鶏でも飼って特産地形成をしたらどうかという点だった。

それで民主主義の時代なので農協や農業委員などを招いて計画の立案と討論をして

もらうが、自分の立場のみを力説する盲論、迷論ばかり、町の総合計画など出ないことがわかり、彼は生産性の低いところは意識も低いことを痛感させられた。新しい生産へ臆病であると自分の考えのからにとじこもり、閉鎖的で責任のある発言からにげる。この地域全体にある農民の考え方をかえるためには生活や生産をかえてゆく実践の中の利益によってのみ納得される。新しい生産や経済機構の成功と実践が、人間の考え方を決定すると知り、町長と彼を中心とする若い町職員たちはこのテーゼを信じ、火の玉のようになって「町ぐるみ養鶏十万羽」に突進する。そのためのどんな封建勢力にも、妨害にも負けないで戦う。それのみか幼稚園を強引に引っこさせてその跡を共同育雛所にしようとする。ＰＴＡの会長や教育委員とけんかしても彼はひるまない、町中「ヒヨコか人の子か」の大論争がおきるが、「いくら幼稚園に子供を入れても、産業を持たない農民のみじめさを知るべきだ」と頑張り、ついに一回で一万七千羽の育雛能力を持つ日本一の共同育雛所をつくりあげる。そして今では前にまして立派な幼稚園も出来上っている。

昭和三十二年の九月から第一次生産計画の町ぐるみ五万羽の卵が産れはじめ、「大東鶏卵」として京都市場へ出始める。この成功が町の多くの農民を引きつけ、自信を持たせる。そして町ぐるみ十万羽にいたる。

「町ぐるみ養鶏」、つまり集団飼育、共同飼料購入、共同出荷は今まで大東町にあった農民の気風——それはとりもなおさず日本のどこの農村にも共通するのだが——大風が吹いて隣りの家の稲架《はさ》が倒れれば「ざまみろ」と心の中で嬉しくなり、村人の葬式に手伝いにゆけば腹いっぱい飯を食べて、わが家の飯を節約するという了簡《りょうけん》から脱しはじめる。それにより町村合併時代のしこりになっていた七つの農協の合併にまでこぎつけることになった。

今の彼は「大東ポートリ・フォーム方式」というのを考えている。農協が八千羽の養鶏場をつくり、高度の技術と資本で生産軌道にのせてから民間に分譲してゆく方式で、農協での飼育はすでに始まった。農家への分譲は十二ヵ年年賦、もしこれが成功すれば年収百五十万農家が出来上るのだ。

しかし彼は半面この町に頭の痛い面の出来てきたことも見落していない。

集団経営が成立った原因の一つには、おのおのが高度の技術を発揮しているということだ。大東町の誰もがみんな高度の技術を持ち合せているとは限らない。持ち合せていない人々は数百羽の鶏を失って第二の人生に失敗した。ある者は借金を持つ貧農になり、ある者は夜逃げをした。その結果今まで平等に貧しくのんびりしていた村に階級意識の緊張が生じてきたことである。大東ポートリ・フォーム方式をあちこちの農家が始めれば、村人のなかに資本家と労働者の分解がおきるわけだ。その意味で大東町の近代化はやっと明治二、三十年代に入ったと見るべきだろう。

山王寺神楽のスサノオノミコト

私は神楽師たちの住んでいる村、山王寺を思い出した。今では同じような生活水準を持ち、仲よく神楽を舞って生活を楽しんでいるのだが、みんなうまくこの町の新しい農業構造に適応してくれるだろうか。もし失敗すると神楽団は空中分解してしまうかもしれないからだ。この仲間たちに階層化のおきることを考えるのはちょっと憂鬱だが、近代化の波はこの高天原を例外とはしないだろう。神楽の村だけでなく、経済の合理化は村人の心を淋しくさせる一面もともなうだろう。

私は大東町のさまざまな農家、養鶏施設を見て歩くだけで十分一日はかかった。なるほどこれは立派な生活派の観光地だ。昭和三十二年に零人だった観光客が三十七年には一万人をこえているという養鶏以上の爆発的なふえ方に注目したい。客は全国から集まったまじめなお百姓さんたちだ。観光地はお寺や温泉地ばかりではない。村人の生き方もまた立派な資源になり得る。どんな山や湖にもまけずわれわれを励ましてくれるのを感じた。

（昭和三十五、三十六、三十七年調査）

外泊 ―愛媛県―

このように石垣でかこまれた村

愛媛県南宇和郡西海町外泊

四国のさいはて、海賊の村？　石垣の村、外泊《そとどまり》

愛媛県宇和島から南下するバスにのる。十月下旬のこのあたりは秋祭のさなか、小説「てんやわんや」（獅子文六著）のモデル地あたりにさしかかった時、私のバスは鹿の精の行列にぶつかった、鹿の頭をかぶった少年たちが一列になって村の家々を訪れ、豊作の祝福をしてゆくのだろう。

農家の庭先に立った鹿の群は円陣をくんで踊り出す。胸の小太鼓をたたきながら、清く澄んだ声でうたうと、その声はバスの中まで聞えてきた。

「まわれ、まわれ水車、おそくまわりて関にとまるな……」

可憐な半獣神の行列がバスの車窓から消えて一時間半、御荘《みしょう》という高知県との県境に近い町に着く。

さらにバスを乗りつぎ、船越を経て終点、中泊《なかどまり》に至る。私の一目見たいと思っている外泊はこれからさらに二キロある。正直なところ、私は中泊に着いた時、これで借金取りには逃げ切ったと思うほど遥かに来た感じだった。したがって誰一人知る人もない外泊の村へ坂をこしてゆくのはいくらか心細かった。

それでも岬をまわって外泊を一目見た時、私の瞳は天地に一ミリずつ大きく開いた

ほどの素晴しさに見とれた。

　おそらく日本のどこにも見られない集落の景観であろう。天まで耕された山の傾斜面に、どの屋敷もたくましい石垣でかこまれ、かくれているのだ。城砦の全国大会の会場である。この石垣の中で村人はどのようにして暮しているのだろうか。

　村中の石垣は正確に、丹念に積まれてあった。道の敷石も美しい。どの石にも秋のさえた光があたってさわやかである。

　秋の日の午前十時頃、村の人の姿は誰も見えない。山へのぼる道がつづいている。私はそれをのぼり出した。

　段々畑をのぼって、山ぎわから海を眺めると、石垣の村は裏側から丸見え、頭かくして尻かくさずだ。父親と息子が中

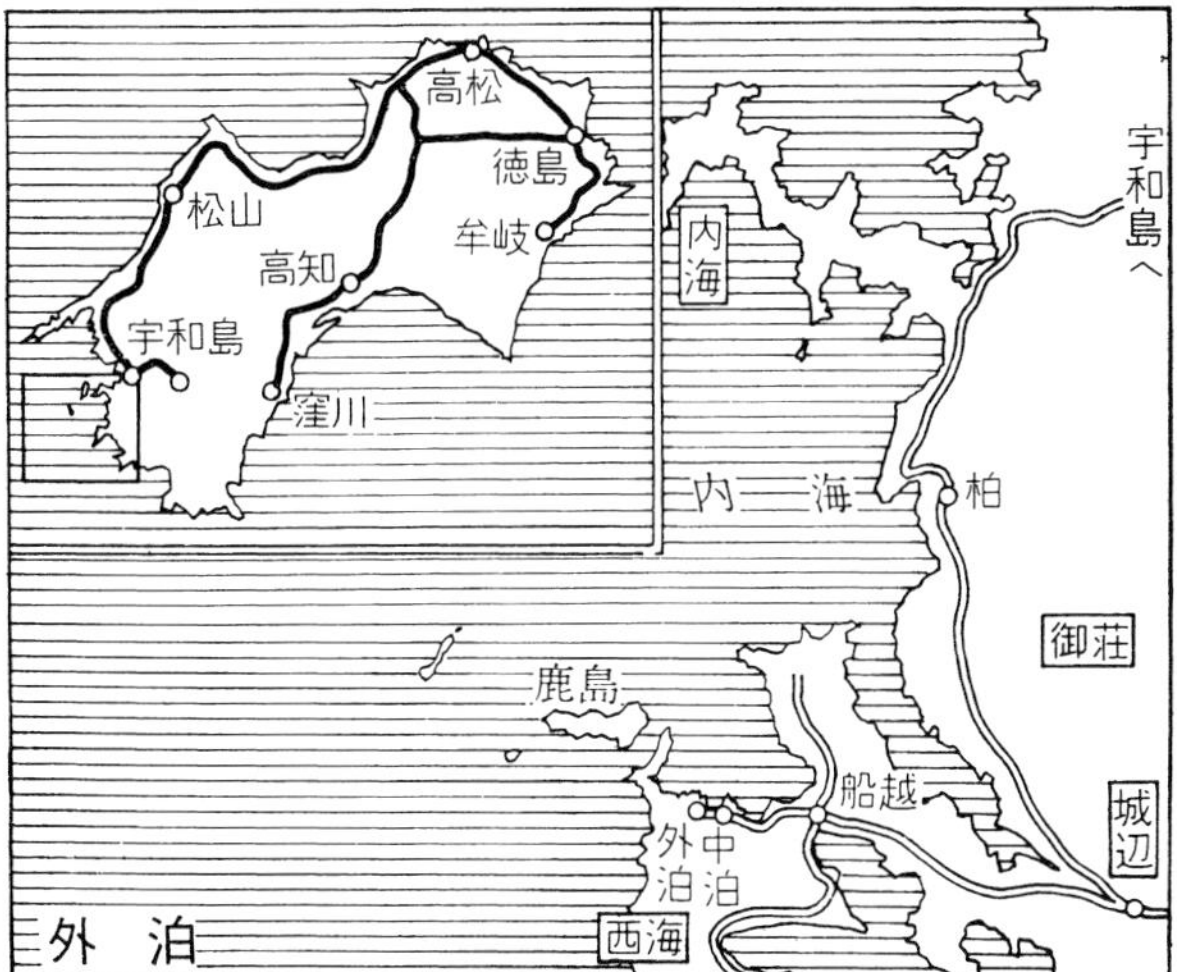

庭の真ん中で斧を振り上げ薪を割っている家、お嫁さんが赤ちゃんのものを洗濯している家、子供たちが「かごめ、かごめ」の輪をつくって遊んでいる家、夫婦喧嘩を始めた鶏の小屋の中まで見える。

のどかな平和な姿だ。

外泊で私は誰一人知った人はいないので、区長さんを訪ねることにした。区長さんの家は西側の斜面の中腹にあった。まだ三十歳にならない若さにあふれた彼は、海の潮にきたえられた黒く輝く肌を持っていた。

お互いに挨拶を交わすと、区長さんは単刀直入に、

「貴方はこの外泊を海賊の村と思ってますか」とたずねた。私が、

「さあ、三十分前についたばかりで……」とあいまいな返事をすると、

「お客さんは宇和島から来たのでしょう。宇和島の奴らは私たちを海賊の末孫だというんですよ。貴方もきっとそう聞かされてきたでしょう」

その通りである。宇和島から城辺《じょうへん》までの間、外泊について私は見知らぬ親切な人たちから何回もこういう話を聞かされてきた。外泊の人以外はみんなそれを信じているらしい。

歴史の事実かどうかは別として、私たちが連想する十六世紀頃の海賊に今お目にかかるとしたら、全くこの外泊が日本で一番ふさわしい場所である。

秋祭に現われる宇和島地方の鹿の精

「ではどうしてこんな不思議な石のとりでがあるのですか」

「何でもないですよ、西風が強いからです。この村は西北の海の方にむいているでしょう。冬お天気の日には毎日猛烈な潮風が吹きこむのです。風ばかりじゃない、砂粒も沫のような潮も西風にのってくるのです。

城壁がないと柱時計などは一冬でさびて止まりますわい。

他の村ではこんな封建的な遺物はいやだといって、戦後取りはらったところもありました。そしたら蒲団まで潮風をうけてしめっぽく、三倍も重くなったのです。ガラス窓も壁も二重にしないと防げません。そのくらいなら先祖伝来の城壁を残しておく方がいいですからねえ」

整然たる石垣の中にある屋敷構え

南国生れの海の男らしい若い区長さんは思うことをずばずば言って、聞いている旅人の私は気持よかった。

「やあ、昼になりましたなあ。生きのいい刺身を御馳走しますよ。おい、酒を買ってこい」

とお嫁さんに呼びかけたとたん、お嫁さんはもう一升とっくりを持って外へ飛び出していた。この夫婦の間にはこういう条件反射が成立しているらしい。

区長さんは、

「わっはは……は、夫婦とも酒好きでねえ、昼飯はお客さんを肴にしてわしら夫婦で飲みますよ」

と底抜けに楽しそうである。愛媛県といっても、このへんの村人は土佐の漁師に似た豪快な気風を持っている。まあ、こういう調子で私はこの家の客人になった。

二十二、三歳のお嫁さんは腰まわりも腕も太い、それでいて素直な人柄の女性だった。

刺身といっても直径一尺の皿に一ぱい、それを生姜《しょうが》たまりで食べる。東京ならクラス会二十人分である。

この家には立派な幸い木《さいわぎ》があった。勝手の土間に一間ほどの長さの棒が天井からつってあるのがそれだ。お正月にはこの棒に魚をつるす。普通の年は十二匹、閏年には十三匹である。漁業をする人たちが年の神へ豊漁を願って捧げるいけにえのなごりである。

私が幸い木をほめると少し酔っぱらった区長さんは、もうすっかりミイラの燻製になっている幸い木のかけ魚を一本とっていろり火で焼いてくれた。刺身とはちがった野趣があってなかなかうまい。

区長さんは、

「私は昨年の秋、この区のメインストリートの坂道をコンクリートに直したのです。石畳では雨の降った日に女や子供が難儀をします。それなのに、外泊に訪ねてくるお客は誰もほめてくれません。観光価値を減じたと非難する都会人が多いですよ」

見物するものと、生活するものの価値観の相違である。愛媛県は山の頂上まで耕していもを植えてある。この景観はなかなか素晴しい。風景写真の好材料だ。しかし、私たちは中国の作家魯迅が「耕して天に至る、ああ貧しいかな」と吐いた詩の一句を忘れることは出来ない。

私たちは村の生活の中に入って、古い時代の良さを耽美する。もちろんその中には伝統的な良さが幾つも残っている。しかしそのために村の人の生活を博物館の標本のように思いこんではならない。村人は私たちと同じ時代に呼吸して生きているのである。日に日に生活を合理化し、住みやすくしてゆく権利があり、それは後世の子孫た

耕して天の青さにつづく南四国の段々畑

ちへの義務でもある。

　時たま訪れてくる物好きな観光客のためにいつまでも古いよそおいを着せられていては迷惑しごくな話だ。

　かるい酔のまわったにぎやかな昼食がすむと、区長さんは鹿島《かしま》へ舟を出してくれるという。海上を一キロほどはなれている小島だ。野放しの鹿と猿が住んでいて、たわむれながら暮している。金太郎のいないのが不思議な島である。

　鹿島は夏は海水浴と鹿や猿の見物にレジャーの客が沢山来るのだそうだ。今（十月）はシーズンオフなので誰も来ない。

　ただこの可憐な動物を飢えさせないように一組の老人夫婦が居残って餌付けをしている。

私たちが小舟で渡ってくるのをこの夫婦は島の中から見ていたのだろう。舟付場まで迎えに来てくれて、舟のロープをとってくれた。

「爺さん、猿は出てるかね」

「もうそろそろ寝ぐらに帰る頃だよ」

区長さんはこんな会話を交わしながら熱帯樹の植えてある人工林を通りぬける。海岸にはコンクリート建ての休憩所があった。夏来る客のためのものだろう。

お爺さんが人間の声とは思われない声を喉の奥から、

「ほーうほほほ」

と出してよぶと猿がまず姿を現わした。私たちは干したさつまいもを投げた。鹿もよって来た。動物園の鹿よりずーっと毛なみが美しい。自然のなかに生きているからだろう。

区長さんは、

「この鹿は時々泳いで外泊まで来るんですよ」

という。秋になると南宇和郡の山奥に住んでいる鹿の群をしたって行くらしい。

「島の鹿が夕暮や夜中に啼くのを聞いていると、わしらも人里へ帰りとうなる」

といってお爺さんもうすい笑いをうかべた。

「秋から春まで本当に淋しいなあ、冬のしける日、どっちかがぽかり死んだら、どないしょうかしらんと思うわ」それはお婆さんの言葉である。

「わしら年寄二人、土地もないし、畑を耕やす力もない。こうして猿や鹿の番でもしてないと生きてゆけんからのう」

私は猿やゴリラの生棲観測に人生をかけて情熱的に生き抜いている何人かの動物学者を知っている。確明な目的と強く若い体力を持った学者たちと全く異なった人生の立場にあるのだ。

これはさいはての島が観光化しようとする時におきる静かな、よどんだ悲劇である。観光は資源として人々に大きな恩恵を与える。半面美しい自然を俗悪化し、純朴な村人を小商人のように小ずるくし、さまざまな人間疎外をもたらす。観光が大資本化すれば、いつでも村でおとなしく、ひっそりと暮している人たちの生活がかき乱されてしまう。

「少しくらい人の口がうるそうても、冬は村の方がいいわ」

お婆さんも冗談をいった。それは本心だろう。海岸の砂浜ではいたずらものの猿がひょいと鹿の背にのり、キャッキャッと叫んでその角をゆさぶる。鹿がおどろいてはねとぶ。

そんな面白い光景を目前にしながらも、私はこの老夫婦のつぶやく会話に心痛く打たれて興味がわかない。

鹿島の鹿と猿

老夫婦が一年の四分の三を人間社会とはなれてすごすのは、私も自分の将来におきかえて考えると顔を伏せざるを得ない。これが人生を長く生き抜いてきた夫婦の唯一の生き得る方法だろうか。これ以外にどんな職業も収入の方法も見つからないのだろうか。

夏二ヵ月動物を見物にくる観光客のために一年間老残《ろうざん》の身を削りへらしている夫婦の前に立って、豪快な区長さんもだまってしまった。

島に日没のかげが差し始めた。猿も鹿も帰ってゆく。私たちにも帰る時刻が来た。

私は二人の老人に挨拶をした。その時半開きになった戸口からこの一間だけの部屋がのぞかれた。よごれた畳の部屋の真ん中に七輪がたった一つあった。煮たきと暖をとるためのものだろう。

私たちは小舟に乗った。老夫婦はいつまでもいつまでも手を振っていた。やがて夕闇の中に姿は暗く消されて見えなくなった。それでもまだ手を振っているような気がしてならない。

「あの島には電灯がないんですよ」

区長さんが櫓《ろ》をこぎながら一言ぽつんといった。ああ人は鹿島をお伽の国、動物天国と言うけれど。

(昭和三十五年調査)

宇和津彦神社の秋祭に出る牛鬼

集落の広場で奉納される鹿の精の踊り

壱岐 ―長崎県―

一年一度の市（郷ノ浦）

壱岐

長崎県壱岐郡壱岐島

年に一回の春市を訪ねて

元寇《げんこう》に凌辱された壱岐島は博多から案外近い。四時間ちょっとで郷ノ浦港につく。今の壱岐は平和なのんびりした島だ。よく舗装された道が町中に通じ、島内各港へバス路線が網の目のように走っている。

私が壱岐を訪れたのは旧暦四月八日、おしゃかさまの花祭の前後だった。実はこの八日に郷ノ浦の町に伝統的な市がたつ。

郷ノ浦の町は港のある下町の商店街と、台地の上の役場、学校、住宅区にわかれている。市のたつのは下町の方である。

壱岐島の漁村や農村の人が海の幸、野の幸をたずさえて午前六時頃から現われる。始発のバスよりも先に荷を天秤棒でかついで歩いてくる。一方九州本島や関西からくる露店商人は前日から地割りをして夜を明かす。その人たちが道の両側にぎっしりと並ぶ。広い道では「川」の字に、真ん中にもう一すじ目白おしに並んでいる。

海産物は生魚、あじの干物、いりこ、わかめ、ひじき、ふのり、鬼の爪といわれる貝類など、農産物は里いも、しょうが、なすびやトマトの苗、キャベツ、ごぼう、白菜、しゅろの幹の皮から始まって、ござ、まんが、鍬台、すき、牛の鞍まで現われる。

この島には村の鍛冶屋さんが五軒ほどあって農具をこしらえている。その人たちの製品も本土渡来の商品に劣らず人気をよんでいる。

壱岐の春日《はるび》市は勝本町では四月二十八日、芦辺町で五月二日、印通寺《いんどうじ》は五月三日（いずれも新暦）にたつ。郷ノ浦では旧暦四月二十八日にもう一度たつが、人気は先市の方に集まる。

壱岐のような離島でも、今や耕耘《こううん》機から鍋釜までいつでも店で買えるが、壱岐の田舎の人々は一年間の生活用品や生産用具を、この市日に買いととのえる昔気質が今ものこっている。

島の人の産物のなかで特色のあるのは木製の犂《すき》だ。島には上手につくる人が七、八人いて冬の農閑期にこしらえるのだそ

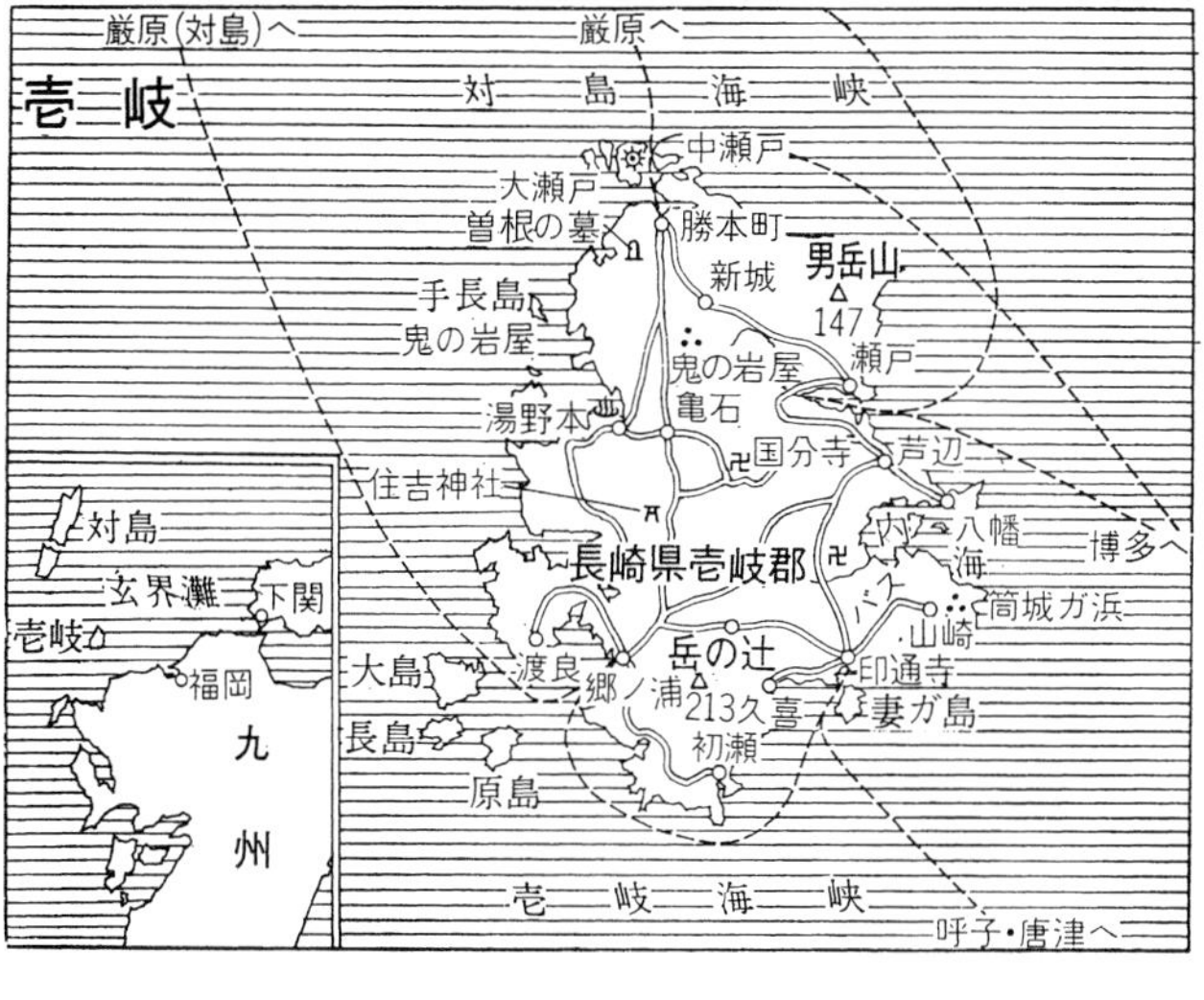

台地の上から見た郷ノ浦の港町

うだ。一人が十梃くらいを牛の背やオート三輪につんで運んでくるが、大変な人だかりでどんどんさばかれてゆくスピードに私は目を見はる。私にはだれの犂も同じ規格品のように見えるが、田畑で使うと作者によってそれぞれくせがあるらしい。だから村人は毎年同じ作者から使いなれたものを買ってゆく。買いはぐれると一年間不便をするそうだ。

市の人出の一番にぎやかなのは午前九時頃から正午まで、人口四万の島民のうち一万が集まるので大混雑だ。一軒の家から一人は出てくる率になる。

市の立つ通りはどこもたたずめないほどの群衆の流れになる。その中で立止って長々と挨拶している女達の姿がいたるところで目につく。誰も盆かお正月のように嬉しそうで、立話は尽きない。久しぶりにあった親戚、同級生、嫁いで遠くはなれてしまった姉妹たちだろう。市は生産品が売られるばかりでなく、女性にとって家庭からの解放と人生の邂逅のたのしみを与えてくれる。

私は下町から山手にかかる坂の石畳に腰を下ろしてのんびりと市の群を眺める。海産物を売っている人は例外なく女性だ。農産物を売っている人は男女ともいるが年寄が多い。露店商をのぞいて、青年、壮年の男がいないのはなぜだろう。晩春の離島の風に吹かれながら、ふとそんな疑問にとらわれる。

私は坂の石畳から腰をあげて織るように流れる群衆の中へ入ってゆく。海産物を売っているお婆さんの前へしゃがみこむ。

「お婆さんは何を売っているんだね」

「ふのりだよ」

「お婆さんがとったものかね」

「そうさ、海の岩についているのを。お前さん壱岐の人じゃなかろう」

「ああ、東京から郷ノ浦の市見物に来たんだよ」

「奥さんの土産に買うていって下さいよ。壱岐のふのりは筋が細くて溶けが早い、それにさらした上りは美しゅうてな」

本当だ。壱岐島のふのりは定評がある。残念ながら昭和生れの私の妻はふのりの使い方など知らないだろう。朝食にでも出されたら困ってしまう。

「お婆さんはどこから来ているの？」

「初山からだよ」

郷ノ浦から南へ三、四キロはなれた漁村である。

「家は漁師かね」

「そうだよ」

「旦那は漁へ出てるのかい」

「明け方行くから今頃は昼寝さ。さあふのりを買うて下さいよ」

この人たちは初山、田原、沼津などの漁村の漁師の妻や母ばかり。わかめやひじきを売っている小母さんたちに、どうして製品を漁業組合に出荷しないのかと聞けば、口銭をとられるだけ安くなるからと答える。

「漁業組合へおさめるのはうるさかと」ともいう。品質がよかったり、均一性がないとあつかってくれないのだ。

この壱岐の漁村も日本のほかの漁村と同じく、夫たちの沿岸漁業はどこでも不漁で貧しい。その零細な漁業に疲れた夫を昼寝させておいて、妻は市に出てくる。彼女たちは漁業組合に出荷しない産物や、逆に漁業組合から仕入れた魚類を持ってくる。い

犁や鞍を売る人。島には名人がいて冬の農閑期につくりだめて春の市に出す

ずれも利益はうすい。一年一ぺんの市日に限らず、毎朝人通りのある港町に出て来て生活のたしにしてゆく。夫が大漁で現物支給の魚があると、それすらも妻が市で金にかえる。

郷ノ浦の東北十五キロのところにある芦辺町は漁業組合の統制がきびしく、組合員の捕った魚は組合を通じてでなければどこへも出荷出来ない規約がある。それでも夫たちが一本釣して来た魚を、女たちは未明の頃峠をこえて農家の部落に売りに行く。

行商に出る女たちは人の往来のはげしい港町に来ると天秤を下ろして何人か集って小さな市の原型をなす。すると買手も集まってくる。行商と市とは非常に近い関係にある。買手が散じると市の売手は再び行商をしつつ港町から消えてゆく。

漁村の女たちは市のレギュラー・メンバーである。行商と市との見分けのつかない原始的なものから郷ノ浦の市のように二百年の伝統をほこる人出のものまで、生産品をたずさえて現われ、生活費を得ようと努力する。

次に私は農村からの産物の場合として、手作りの見事な篩《ふるい》を売っているお爺さんをたずねてみた。その篩の目は手よりの麻糸でつくられていた。直径五十センチもある丸い枠は白い麻糸としゅろの繊維で縞模様になっている。民芸品としての美しさもある。値段は一コ五百円だった。町の人も漁村の人も、農家の人たちも手にとって眺めている。

私は篩にも感心したが、そのお爺さんの立派な顔立ちにも感心した。軍人ならどうしても大尉以上の貫禄である。

このお爺さんは篩のほかにしゅろの幹の皮を売っている。十枚一束で三十円、浜の人たちはこれで水に強いロープをこしらえるのである。お爺さんは柳田から来ていた。農産物をひさぐ人は柳田、志原、石田など郷ノ浦を中心に壱岐の南側からが多い。

お爺さんは午前十一時には二十ほどの篩を売り尽していた。数時間の立売りで、ゆうに一万円を稼いだのである。犂となならんでベスト・セラーだ。お爺さんの話では農村から来る売り手には隠居さんが多いという。もちろん彼もその一人だ。お婆さんで

手作りの篩をひさぐ隠居のお爺さん

も農産物を売っている人は隠居の身分だと聞いて、隠居のならぶ市に私はびっくりした。

市は午後になると急速におとろえる。売切ってしまった人が波のひくように帰ってゆく。その中にあって私は漁村の主婦と農村の隠居の帰り方に大きな差のあることを発見した。

漁村の主婦たちは天秤棒をかついでまっしぐらに家路につく。ところが隠居の爺さんたちはうどん屋に立ちよって一杯呑んでいるもの、散髪屋に入ってめかしているもの、老夫婦で映画館の前に立ちどまっているもの、市の日のレジャーを楽しむ姿はさまざまである。宵越しの金を使わないのは漁村で、農村はケチといわれているのに、いったいこの現象を私はどう解釈したらよいのだろうか。市からうたかたのように群衆の消えた夕べの港町の中にあって、私はこの島の隠居というものについて考えざるを得なくなった。

翌日私は農村に入る。

壱岐島の農村は起伏のゆるい台地の上の防風林を背にして散在している。麦の畑はボールを半分に切ったように上がまるくもり上っている。壱岐の人の説明では、島の土地がせまいので少しでも農作物を増すために表面積を広くしたものだという。実際には雨が多く畑の土が流れるので盛土をしておくのだろう。そのまるい麦畑の緑の弧

行商と素朴な市とは非常に近い関係にある（芦辺町にて）

の間から農家が点々と見える。

壱岐島の農家の耕地の平均は田畑合せて一軒九十アールほどで、二ヘクタール以上持っている家はまれである。それでも屋敷の構えは大きく、本土の四、五ヘクタールの田畑を持っている屋敷の外観に匹敵する。一つの屋敷のなかに七棟をそろえて持っているのがととのった形になっている。

屋敷の構成は、

一、**本屋**《ほんや》　家長および家族の住んでいる家。屋根は瓦ぶきまたは萱ぶきで六間×四間、二十四坪の家屋で、客間、控えの間、居間、寝室の間、それに客間と控えの間をとおして縁側を持っている。

二、**隠居屋**　家督を譲った老人夫婦が住む。八畳または六畳に四畳半の二間くらいで本屋の半分以上のこざっぱりした棟である。本屋の屋根が萱ぶきでも隠居屋の方は瓦屋根であることが多い。二、三十坪の小庭もついている。

三、**かま屋**　食堂と炊事場を一緒にしたリビング・キッチンだが、前記の二棟にくらべて相当見劣りがする。広さはせいぜい三、四坪、煤けて昼なお暗い、あまり衛生的でもない。本屋にかまどをつけると煤で汚れるので別棟にしたのだ。幾棟も持つ農家でありながら台所改良の進んでいないのは、壱岐の婦人の位置の低さを物語っているのだろうか。隠居を含めて全家族がこの一室で食事をしている。

壱岐の農家の屋敷構え。七棟持っているのが標準のととのった形である

四、**牛小屋**　屋根は萱ぶきだがかま屋より牛小屋の方が立派で、かつ大きく見える。壱岐の人がどんなに牛を大切にしているか、これだけでもよくわかる。畑が粘土質なので馬の力では耕作出来ないのだ（壱岐には馬が一匹もいない、馬を知らない小学生もいる）。牛は大切な商品にもなる。農家の牛飼いは上手に育てて牛市に出す。そのため夜中におきて米のとぎ汁を飲ませて肥えさせるという。昔京都の御所車をひいた筑紫牛とは壱岐牛のことだったと島の人は今でもほこっている。

五、**廁屋**　かま屋の近くにある。〇・五アールくらいの広さ。湿気が強く暑い季節の長い島では廁屋が別棟だと匂いからのがれる。

六、**物置き**　本屋にとなりしてある。田畑の生産用具をしまっておく。

七、**乾燥場**　土壁、二階建の屋根瓦。長い煙突がある。乾燥場を持っている家は新しい営農のたばこ栽培をやっている家だ。水田や麦作、いも作にくらべて国の専売事業のため大変手数がかかる。それだけに収入は安定している。勤勉な農家でないと、この栽培はつとまらない。

壱岐の屋敷の構えの中に戦後乾燥小屋が加わるようになったことは、島の農民生活の向上を示している。

壱岐島のように高温多湿のところでは一軒の家の中に老若男女の大家族が住み、かま屋も牛小屋も一つ屋根の下にあったら、隠居さんばかりでなく、牛でもストレスにかかってしまうだろう。この別棟の贅沢は人間生活の自由として壱岐では必要なのだろう。

隠居屋の別棟はまず壮年、青年と老人との年齢からくる体力、思想、人生経験の相違を不必要に対立させないことに役立つ。それかといって老人たちは淋しがらない程度に暮せる。三度の食事は一緒であり、孫は自由に出入りする。

さらに隠居は家督を譲っても老後をたのしむいくばくかの収入を得る手段を持っていることだ。年老いても体が丈夫なら自分の体力に応じて十アールか二十アールの田畑を耕し、自分の食物を得、農作物を栽培し、農閑期には商品としての生活用具もつくる。これらの品々が春にたつ市に現われるのである。卸の商品としてはあつかいかねる少量のものでも、隠居個人の収入としては大きな価値を生じる。かま屋で本屋の家族と食事をともにしていれば、隠居の市の収入は生活資金ではなくプラスアルファーとなる。誰に気がねもなく使える小遣いである。かくして隠居は老人としての発言権と自由時間を持つ。

壱岐の漁村には農村のような隠居制度がない。隠居しようにも別棟をたてる土地や生活の余裕が沿岸漁業の集落にはとざされている。

壱岐の漁村の妻たちは夫の収入の八十％を握ってしまう。それに市で得たプラスアルファーの日銭を加えて家計をやりくりしてゆくのである。今や沿岸漁業の人々のいかに暮し難いかを知らされる。同じ郷ノ浦の市にならびながら、漁村の妻と農村の隠居の間には異なった生活意識が現われてくるのは当然であろう。

それにもかかわらず、市に現われる村人の商品の上には海産物と農産物の間に共通した弱点がある。それは近代的な経済社会の組織にのりきれない弱さである。第一にいずれも量産出来ない手作りや採取の産物である。それ故に農業協同組合や漁業協同組合を通じて出荷する対象にならない。また生産者もそのための手数料を嫌う。したがって広いマーケットを持ち得ない。

市では生産者は同時に販売者で、最終消費者と顔を合わせた範囲で品物をさばいている。人出が島の人口の四分の一といっても交易圏はせまい。ところが近代的な社会では生産者と最終消費者との間に顔のつながりなどなくても一向差しつかえない。流通の組織を通じ、PRにより商品はさばかれて、広い交易圏を持つ。この広い交易圏の諸経費は大量の商品を流す利益によってのみ成り立つ。

つぎに農民や漁民が丹精してつくった立派なものでも、市の製品は均一性に欠ける。一つ一つの大きさや量が異なり、質も相違する。わかめを例にとれば一把とはいうもののの計量器にかけると十％程度の量の差があり、品質も赤く焼けたものも混っていたりする。お値段もそれに応じて個々別々である。買い手が一把、二把と少量を吟味して買えばそれでもよいわけだ。が仕入れて卸すルートにはむかない煩雑な製品である。

岳ノ辻から長島方面をのぞむ

島の鍛冶屋の鎌や木製の犂も個々にくせがあって、万人むきというわけにはいかない。手作りの農具には部分品に交換性がないから、一部分がこわれると代理店で簡単にスペヤーパーツと取りかえることが出来ない。半日がかりで村の名人の鍛冶屋や大工のところへ頼みに行く。こうした生活のテンポの持主でないと島の精密機械は使えない。

平安朝から江戸時代にかけて市は日本全国の至るところにあった。五日市、八日市、十日市という地名は今日でも各地に残っている。年の市、えびす市、田植市、盆市などと季節のかわり目に、行事ごとに立つ市もある。このようなものも、商店街が確立し、商品流通が広域化することによって影が薄れてゆく。終戦直後日本の経済組織が混乱した時、われわれは闇市を身近かに経験した。それも社会の秩序と経済力の回復でいつか消えてしまった。

郷ノ浦の春日市の人出は楽しいけれど、壱岐の町々が繁栄するにつれてさびれてゆくだろう。商店街には壮年や青年の店員が働いておりながら、市の売手に若い第一線の働き手を見ないのはそれを意味している。

しかし、市がさびれれば、漁村の妻や農村の隠居はどういう生き方をすることになるだろうか。私は気になる。

（昭和三十七年に二回調査）

福江島　―長崎県五島列島―

静かな入江

新興宗教に改宗したかくれキリシタンの島

五島列島　福江島

長崎県南松浦郡玉之浦町

午前八時に長崎港を出帆、五島列島の福江へ直行する楓《かえで》丸の甲板にいる私。そして一枚の新聞を手に持っている。「人類愛善新聞」といい、平和運動の新聞だ。京都府亀岡市内で発行（現在は東京に移転）の旬刊紙、五万部くらい出ているらしい。実はその昭和三十六年十一月十一日号に、五島のかくれキリシタン三十八世帯が新興宗教の大本教《おおもと》（正しい名称は〝大本〟）へ集団改宗したという記事が出ているのだ。

船は二時間もたつと五島列島の島々の中にいだかれて進み、正午頃福江港の岸壁につく。バスに乗って一時間半、三百メートルほどの山を二つこえると中須という部落である。この海岸から玉之浦行きのポンポン船に乗りかえる。湖水とおぼしい静かな内海を渡って三十分、玉之浦湾の岬の頂上に白木造りの建物が見え出す。和風で簡潔な美しい建物、あれが大本教の教会だろう。

船着場をあがって、漁師町の家並みを通り抜け、岬の畑中の道をのぼりきると、風の吹きさらすなかに大本教の教会はたっていた。「大本玉之浦分苑」とかかれた看板の玄関に立つと、引戸が静かにあいて私は温厚な中年の人物と対面した。

私が挨拶すると、彼は特派宣伝使（教団本部から特別な任務をうけて駐在している布教師）であると自己紹介をした。私が玉之浦分苑あてに出した手紙を受け取ってくれた人だ。

「分苑」とよばれる教会の拝殿は六十畳ほどの広さで正面に神道の形式の神棚がある。一般の神社よりも明るく清潔なムードがただよっている。

拝殿には四人の日焼けした顔の老人がかしこまっていた。挨拶前にはじめて目があった時、いずれも人なつかしげな瞳を私におくってくれた。都会の見知らぬ他人からは与えられることのない柔かい視線である。特派宣伝使のCさんから紹介されると、それは玉之浦分苑長、祭務部長、宣教部長、営繕《えいぜん》部長などと格式ばった役職名を持っているが、大きな学帽をかぶせられた新入生のようにあどけな

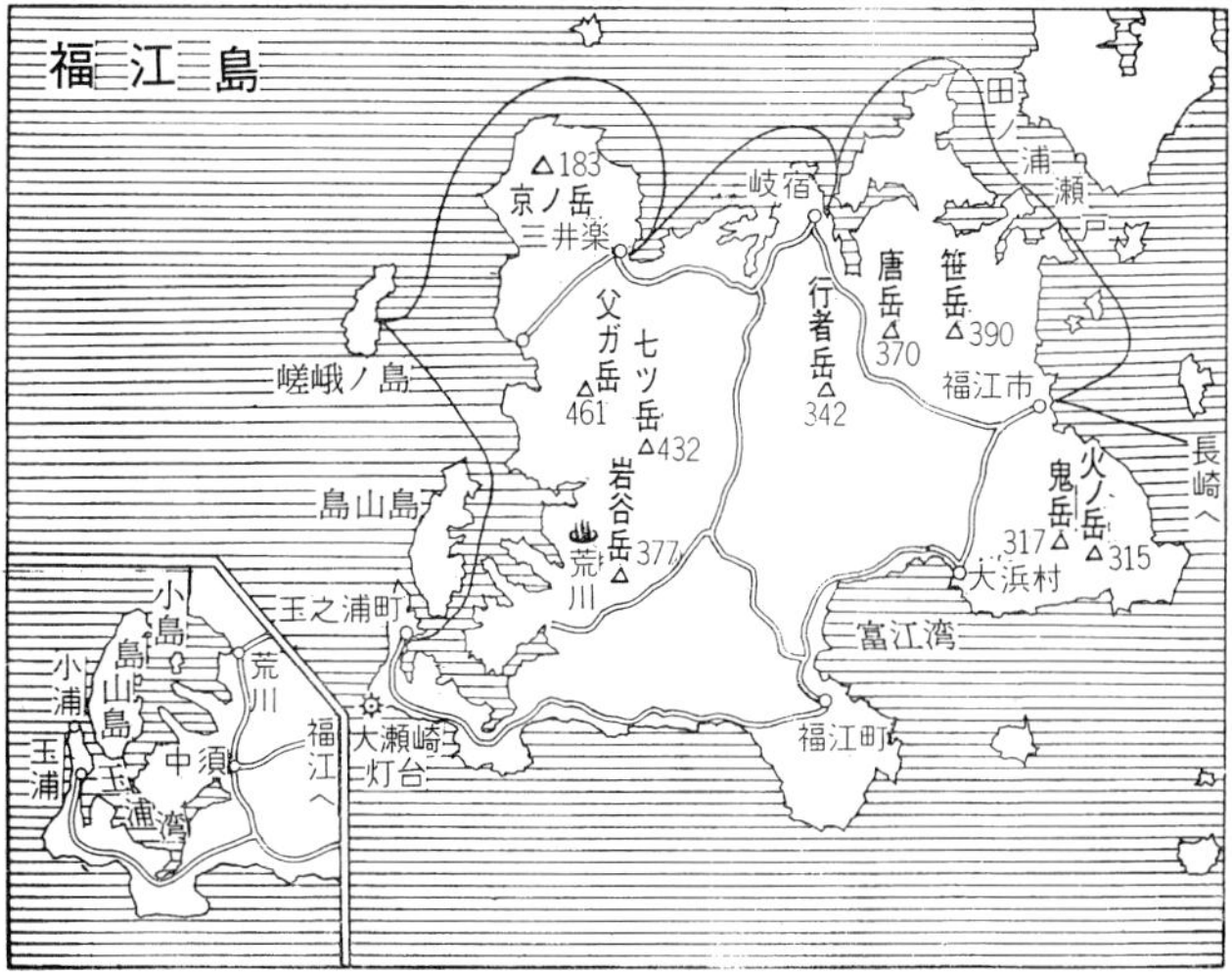

い童顔の好人物の人たちだ。おそらくこの人たちがかくれキリシタン宗から大本教へ改宗したのだろう。

私は分苑のなかにあるCさんの私室に何日間か同居させてもらうことになった。

Cさんは部屋の北側の窓を開いた。玉之浦湾の入口をふさいでいる島山島《しまやまじま》が窓いっぱいに大きく見える。手前の部落とは川のように細い瀬戸をへだてて五百メートルもはなれていない。呼べば声が届きそうだ。その瀬戸の海を小舟が渡ってゆく。今まで教会にいた老人たちが櫓をこいで行く。あれがかつてのかくれキリシタンの島なのか。

部落の名前は向小浦《むこうこうら》、二十二軒の家があり二十軒半が大本教の信者だという。半とは島に生れた夫は信者になったが、他所から嫁に来た妻君が入信をこばんでいる。残る一軒は仏教だそうだ。それはかくれキリシタン宗のカモフラージュかもしれない。

Cさんはけいけんな信仰者が持っているおだやかな口調で私の希望にさまざまな助言を与えてくれた。

ここで私が知りたいことは五島のかくれキリシタン宗とはどういうものであったか、また一部の人がどうして大本教に改宗したかという二点である。信仰の問題は大変微妙で理詰めにはいかない。また私のような信仰のないもののぞき見にくるのを嫌う。見られることをタブーにしているかくれキリシタンならなおさらだ。キリシタンの宗徒が持っていた遺物は、現在大本教の神棚にキリシタンの先祖と一緒に合祀してある

中央が大神の祭壇、左側に祖霊の祭壇があるかくれキリシタン宗の先祖を祀ってある祭壇。○印にクロスの十が入っている

という。それも信者たちの同意がなければCさんといえども勝手に取り出すことはむつかしい。

そこで、大本教の夕拝の時に部落の人々に私を紹介してくれる、つまり村の人たちとのお見合いである。私は翌日から村人との生産と生活に密着し私を理解してもらう、その間にCさんが遺物を記録にする意義を村人にとき理解にこぎつけるという方針をたてた。

夕拝は午後八時から始まった。信者たちは薄暮の瀬戸をぞくぞくと小舟を漕いで分苑に集まってくる。

分苑長が祭服の姿で先達《せんだち》になり、全員二拝四拍の礼拝を行ない、大本教独特のさわやかな祝詞《のりと》の合唱を始める。

「高天原《たかあまばら》に神つまります大天主太神《もとつみおやすめおほかみ》の

命《みこと》もちて、八百万《やほよろず》の神たちを神集《かむつど》へに集へたまひ、神議《かむはか》りに議りたまひて、伊都《いず》の大神、美都《みず》の大神は豊葦原《とよあしはら》の水穂の国を……」

赤ん坊をだいた若い母親、老婆、少年、さまざまな年齢の人が手を合わせて声と言葉を一つにする光景は美しい。ここでは祝詞は叙情詩の朗誦だ。私はこのスナップから写真を撮り始めた。誰もカメラを意識しない。大丈夫だ。この部落にはカメラを必ず持ちこめるという確信を持つ。

大本の大神への礼拝がすむと、その隣にある祖先の霊を祀る神棚への礼拝がつづいて行なわれる。この祖霊の神棚には、◯《まる》に十字のマークがついているのに気がつく。十字はクロスだ。大本教はかくれキリシタンの祖霊の信仰を認めて合祀しているのだ。おそらくここに改宗の鍵があるのにちがいない。

Cさんは夕拝後、手ぎわよく私を信者の人たちに紹介してくれた。早速翌日からぶり漁をする漁船に乗り組むことになった。

午前四時、薄未明のなかの静かな海へ私達の漁船はすすむ。若い二人の兄弟の漁師と私の案内役の分苑長Oさんの四人。へさきを東支那海の方へむけて二時間、すっかり朝になった午前六時頃から漁は始まった。この海原のなかで鷗《かもめ》の群遊しているところが漁場なのだ。ぶりに追われた雑魚たちが海面まで逃げ上って波をわかせている。それを鷗が群なして襲いかかる。この自然の闘争の真ん中へ漁船を乗り入れてぶりを釣る。漁船は昆虫の触角のように二本の長い竿を横につき出し、その先の糸にビニールの赤と青のいわし型のおとりをつけている。数十隻の小型漁船が鷗の群を追いながら、天と海の間で漁を競う。私たちの船は午前中に一メートル近いぶりを四本釣った。

午前十一時、玄海の真上で太陽が輝きだすと鷗たちは消えた。魚たちは海の底に潜ったのである。漁も終った。船は帰航し始める。

海に生きる若い信徒たち。二匹釣ると一匹は大神様へお供えするという

「〝かくれ〟から大本の神さんの方にかわりましたら、水揚げが多うなってなあー」と兄の方が語る。

本当だろうか。

「この前難船した時も、神さんにおかげいただいて助けてもらいました」

「かくれ宗とどっちがいいですか」と聞

五島の大本教の信者さんたちも、もとはかくれキリシタン宗の人たちだった

くと、弟の方が、

「かくれ宗は今じゃ意味が無かばってん」と答える。

嵯峨島の近くを船が通ると「この島は今でもかくれ宗のもんばかりじゃ」と教えてくれる。

天文十八年（一五四九年）フランシス・ザヴィエルがわずか一年たらず滞在して布教したカトリックは六十年間に百万人近い信者をこしらえた。当時の人口は三千万人くらいだったから大変な普及率である。宣教師たちは大名にとりつき、将軍を捉え、ミカドを改宗させていっきょに日本中の総キリスト教化をはかった。権勢による速成をねらったのは仏教の渡来とよく似ている。徳川幕府の弾圧に会いこの道はたたれたが、庶民階級に入っ

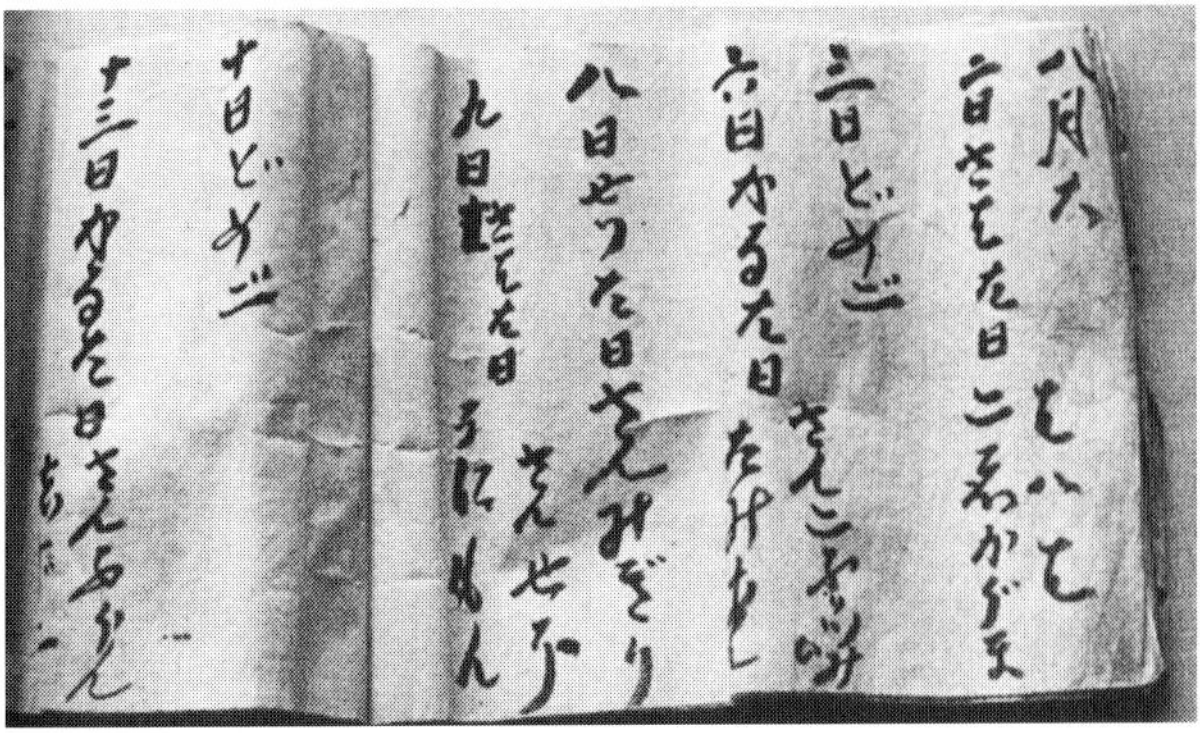

五島のかくれキリシタンが伝えてきた宗教カレンダーの「日繰帳」

たものは四百年後の今日まで根強くのこっている。当時の日本になかった個人の霊魂の救い、きびしい個人の倫理、天国への再生、婦人の尊重が近世に目覚める人々の間に水の浸透するようにゆきわたったのであろう。

玉之浦の向小浦の人たちは寛政年間（一七九〇年代）長崎県の大村地方から五島開発のために送られた移民であると伝えられている。かくれ宗にとっては移民は口実で信仰を守るため島への逃避であったろう。

漁師の兄弟は四匹のぶりのうちの一匹を大本の神様にそなえた。こうすれば午後の漁はさらにおかげを受けることになるのだそうだ。

私は現在の大本教の信仰の話をききながら、かくれキリシタンからの改宗を知るという接触の方法をとった。

二、三日たってCさんが、

「今日は営繕部長の家で大本の月並祭をやりますから行きませんか」

とさそってくれた。営繕部長はこの島の船大工さんで、七十歳をこえた老人だった。二間きりのせまい家だが床の間には大本教式の祭壇がこしらえてあった。こうした機会をつかまえて私は村の人の家庭の中へ一日一日すべりこんでいった。かくれキリシタンの話も皆があたりをはばかりながら少しずつしてくれるようになった。

そのうち、どうも五島のかくれキリシタンは、平戸、生月島《いきつきしま》のとは異なった分類のものではないかと思うようになった。どんなに聞いてもマリヤやキリストを祀る祭壇である納戸《なんど》の形式神がないのである。平戸や生月島は表面は仏壇風だが秘密の祭壇を持っている。そしてマリヤの像が観音像でカモフラージュされている。ここにはその祭壇が全くない。私にかくしているのではないらしい。祭壇を知らないのである。そのかわり、日繰帳《ひくりちょう》というカトリックの宗教カレンダーが信仰の中心になっている。向小浦には一六〇三年と西暦年の入った日繰帳が今日残っている。この年は島原の乱の三十四年前にあたる。

大本分苑で私たちの三度の食事をつくってくれるお婆さんは

「日曜日がドウメゴ、月曜日がシクダ、火曜日がテイシャ、水曜日がカッタ、木曜日がキンタ、金曜日がセッタ、土曜日がサバタ……」

と教えてくれた。これは日本に漂流土着したポルトガル語だ。

二百年前のポルトガル語を知っているこのお婆さんは、
「かくれ宗の時分は不便でした。今日は針を持ってもいい日か、魚を食べてはいけん日か、いちいちお帳役に聞きにいっとりましたもんなあ」と昔を思い出しながら聞かせてくれる。

この「日繰帳」系かくれキリシタンには部落に四人、もしくは五人の役人とよばれる司祭者がいる。もちろん村の人で畑仕事や漁師をして暮している庶民だ。

その中で「お帳役」というのが最高の司祭者で、日繰帳によって一年間の行事を決定した。キリスト教の祝い事のみならず、信者の葬式、死者の年祭の司祭もやった。つまり村の実質的な指導者である。

「まかない役」というのは祭の時のお供物をつくり、神に供える人である。

「さずけ役」は子供が生れた時、その額に聖水をたらして洗礼をさせる役で、このさずけ役のキリシタン名がポーロなら生れた子供はポーロ太郎とよばれることになる。

「さずけ役」から神の御子になった確認をいただいてお帳役に届けキリシタン宗門帳に記録される。この「さずけ役」は清浄な役柄なので生涯農肥にふれない。

「宿老役」はまかない役によく似ているが、出産の時だけのまかない役である。

クリスマスは「お誕生」とよばれた。この日は「御子《おんこ》・ヒーリヨさまが、御母《おんはは》サンタマリアさまから生れた日」であるとされ、旧暦十二月二十四日頃に行なわれた。夜になるとひそかにふれがまわり、村中の男女がお帳役の家に集まってお祝いをした。もちろん今日のクリスマスのようなムードはない。むしろ田舎の二十三夜講を想像した方があたる。そしてオラショとよばれるかくれキリシタンの祝詞をあげたのである。

かくれキリシタン宗が外界との隔絶に一番注意をはらったのは葬式である。

部落に死者が出ると女たちが集まって一日のうちに綿から糸をつむぎ、藍や山桃、くちなしの皮で糸を染め、はたにかけ縞柄の着物や三角頭巾を縫いあげた。これを「かえり着物」と言って神の子として天国へ帰る時のユニフォームである。もちろん秘密のうちに死者に着せてやる。納棺の時も密室の中で役人たちで行ない、後から坊さんをよんで来て形ばかりの浄土宗の葬儀を行なった。坊さんがお経を読んでいる時は、皆口の中でひそかに経消しの呪文をとなえた。死者が仏教のお経などを聞かされては霊魂が汚れて天国へ行けないからだ。

このように一生涯にわたって生活が信仰によって細かく秘密に規定されているので、娘を他部落には嫁に出せなかった。当然婚姻は部落の中で行なわれ、四百年後の今日血族結婚の悪い影響が現われている。

五島玉之浦のかくれキリシタン宗には明治になってから、また終戦後もカトリックの宣教師がしばしば訪れてキリスト教への復帰をすすめている。

大本教よりもキリスト教の方がもっと近いはずではなかろうか。ところが向小浦の人たちは、「先祖さまを拝んじゃいけんという宗教はまず困る」というのである。ついで稲や魚の豊作大漁も聞きとどけてくれる神様でなければならない。またある村人は、他人の家の米をごま化しておいて、口先でざんげをすれば罪が消えるのは納得しかねる、という。

フランシス・ザヴィエルが布教して四百年後、この人たちからキリスト教の精神はすっかり抜けているように思われる。むしろこれらの信仰の型、つまり祖先崇拝、現世利益の呪術などは日本の土俗信仰そのものといえよう。キリストの神も時効にかかり、信仰は日本の風土の中に還元してしまったのだ。

かくれキリシタンが死んで天国に行く時着たという「かえり着物」

カトリックへの復帰に応じなかった向小浦の人たちも戦争を契機として自ら崩壊せざるを得なくなったのである。それは若い人たちが戦争中は兵隊として、戦後は工員や遠洋漁業の乗組員として村を去り出した時からである。そのためオラショ（かくれキリシタン宗のお経）を覚える機会がなく役人の後継ぎがとだえてきた。ここでは役人衆は死ぬ前に後継ぎを決定しておかなければ祭の儀式が絶えて地獄に落ちると信じられている。しかし閉じられた社会から一たび開かれた社会に生棲した人たちは意味不明のオラショなど今さら覚える気持はない。このため役人たちは息の引きとりぎわに、地獄へおちるの恐怖にふるえ、肉親たちはやりきれない気持で見守るばかりだった。

しかも昭和二十六年以後、島の若者や娘たちには自由な意志による結婚が多くなり、部落外婚の傾向がたかまりつつある。一方部落の外界との経済的なつながりは深まり、葬式になるとかくれキリシタン宗以外のものがどっとおしよせて来て、今までの秘密儀礼が保てなくなった。

島の人は真剣にかくれキリシタンからの改宗を考え出した。その頃からこのさいはての島に宣教で訪ねて来だした大本教の宣伝使の接触が始まる。

大本教とは現在京都府の綾部市に祭祀、亀岡市に宣教の本部をおき、清潔、楽天、社会改善などをモットーにした開教七十年の新興宗教である。実は私が楓丸の甲板で手にしていた「人類愛善新聞」はこの大本教の社会改善のための外郭団体人類愛善会の機関紙なのだ。信者数は二十万たらずで、五十年以上の歴史を持つ宗教団体としては多い方ではない。があくどく信者を獲得する方法はこの宗教の人たちの気持にそわないのだろう。大本の神を信じ、まじめにつつましく生活している人が多い。それでいて大正十年と昭和十年にキリシタン以上の二度の弾圧を受け、ひるまず信仰を持ちつづけてきた人たちである。信者の中にはすぐれたエスペランチストが多く、国際語による世界平和運動はよく知られている。

さて、この大本教の一宣伝使がかくれキリシタンを改宗させるまでにはほぼ十年の歳月をかけている。その間、宗教の教えをおしつけることなく、魂がふれあうまで何十回も何百回も話し合っている。これが新興宗教のいいところで、権威化した既製の大宗教にはこうした人と人との魂のふれ合いを忘れているものが多い。その結果、向小浦のかくれキリシタンの連中は大本教には「万教同根」という真理があって、大本の神さんはかくれキリシタン宗の先祖も祀ってもらえるということがわかった。大本教は祭祀様式を神社宗教からとっているので、豊作大漁のような生産祈願もやる。

その上かくれキリシタン宗は大本教の中にも十字架のあることを発見した。それは藁でつくった十文字で霊璽《れいじ》とよばれる。葬式儀礼の時死者の霊魂を肉体からこのよりしろに移して祀るものである。さらに、聖師とよばれる出口王仁三郎《おにさぶろう》二代教祖の手にははりつけの時の釘を打たれた跡があり、背中には十字の型まで入っており、この聖師こそ御子《おんこ》ヒーリヨさまの蘇りであると伝えられ、かくれキリシタン宗は心理的に一歩一歩と大本教に近づいていった。

昭和三十一年頃にはもう何人かの入信者が出来ていた。そのうちの老人の一人が死んだ。大本教徒は当然大本教に定める葬儀を行なった。これは部落で初めて公開された儀礼だった。ところが数日たって、夢に彼が現われたという者が出て来た。大本教の葬儀のままの死装束をして、「大本教で葬ってもらった方が〝かくれ〟よりもよかった」とのべたという。この夢は部落の人たちにたちまち不思議な伝播をおこし、毎晩一人か二人が見て、十六人にもなった。夢の科学の上からでもあり得る連鎖反応で村人はこれを多数者による真理と解した。村人の潜在意識の上からはすでに大本教に好意的な立場に立っていたと見てよかろう。

かくして昭和三十六年には島の人たちは集団で入信し、自力で分苑（教会）をきずくにいたったのである。

大本教は以来ここに特別宣伝使を派遣している。わずか三十八世帯の離島に、これは異例なことである。Cさんに言わせれば、

「この人たちは今、信仰の坂道を登りかけたようなもので、時に協力し、はげましあう同じ道の友がいるでしょう」と見ている。

このキリシタンから大本教への改宗者は神前に燈明をあげてお祈りしている時、右側の燈明が明るく、勢いよくもえるのを見て、明日の漁は右の方向だときめる者がいる。Cさんはこの現世利益を「おかげ信仰」とよんでいる。おかげ信仰者はおかげがなくなれば神をすてたり、鞍がえしたりする。Cさんは多くの日本人が「五穀豊穣、

大本教の「おみてしろ」による病気なおし

家内安全」のために神に祈ることを知っている。このおかげ信仰は信仰の段階の一年生で、これからだんだん魂を磨く信仰に入ってゆくことを特別宣伝使として教える。近代的なキリスト教のように始めからこの幼稚な信仰を拒否すると、日本の民衆はついてゆけないと見ている（しかし聖書によればキリストもいたるところで盲人や病人のためにおかげ信仰を行なっている）。

改宗者の一人が、膝が神経痛で痛んでたまらない、先祖の霊が何か私に恨みをよせているのでしょうかと訴える。Cさんはそれについて、

「われわれの先祖はわれわれの守護こそすれ、悪魔となることはない。大本の神を信ずる者には悪魔が来るはずはない。

ひざの痛みで祖先を恨んではならない。それより病気は早く医者に見てもらうべきだ」とさとす。大本教には「おみてしろ」による病気なおしもあるが、それも医療とは対立させない。彼はこうして日夜「隣人の心の弱さ」を支えてはげましている。

なるほど、この小さな教会にCさんのような人がいなければ、改宗者たちはキリシタンがかくれ宗になったように、土俗的大本教徒になる可能性はある。

私たちの社会は目に見えたり、聞こえたり、話し合ったりする直接的な社会の外環に、自分の肉体では感じられない国際間の動きとか世論とかいった間接的な社会に囲まれて暮している。文明の度が進むほどこの間接社会の意識が高まるといわれる。

大本教では現実には軍備全廃、戦争反対の世界連邦平和都市運動(日本では二百五十市が宣言加入)を行なっている。がそうした間接社会の意識はこの五島列島の小島の人たちにはぴんと来ない。Cさんにとっては信仰を説くと同時に、宗教者の立場から世界平和の問題をあつかってゆくことが大切な任務になっている。つまり「おかげ信仰」の人たちの魂を大衆エネルギー化するのである。自分の現世利益だけを祈っていたり、病気になったり、事業に失敗するのは何でも自分が悪いのだとばかり思わないで、間接社会とのつながりの中で認識し、信者が皆で信じ考える力で世の中をなおそうというのである(事実大本教は一九五〇年ジュネーブで行なわれた世界憲法起草人民大会に二人の代表委員をおくった。これは信者が立売りした人類愛善新聞のカンパ資金のみによって実現された)。

　しかし、これはなかなか容易でない。かくれ宗の改宗者たちと一緒に暮していると、大正、昭和に弾圧を経て信じて来た信者たちとは異なるいくつかの面を見せられる。

　夕方の礼拝が終るとCさんは大本教の教典である「霊界物語」を約三十分ほど島の人たちに読んで聞かせる。これは霊界の神や鬼どもの生態が講談や落語の口調で書かれてあって、西部劇的なスペクタクルの味がある。つまり通俗性に富んでいるので民衆を引きつける魅力を持っている。お爺さんも孫もにこにこ笑って聞いている。Cさんも声色を使って読む。オラショのように全くわからないものと異なって、単調な島の生活では娯楽にもなるから誰も中坐しない。大本教に限らず、新興宗教にはわからないための退屈さがない。必ずわかって面白いのである。この点、仏教のお経はインドの言葉を漢訳して、それを日本的な発音で棒読みにするのだからわからすよりも乱暴である。

「霊界物語」がすむと皆満足そうに帰っていく。そこまではどこの大本教の教会ともかわらない。

　ところがである。男たち七、八人がこの聖なる御神前に蒲団を敷きだしておこもりを毎晩する。宣教部長も営繕部長も、その息子も孫たちもだ。

「神さまのそばに寝かせてもらうと、気分が安まりますばってん」という。自分の家には帰らずおこもりしっぱなしという人もいる。

Cさんは、こんなことは大本教に前例がないが、神さまにはこういう信者が一番可愛いく見えるかもしれないという。しかし、何とかして宿泊施設を別につくらなければと心配もする。あるいは木の香がして畳も新しく、蛍光灯も明るい分苑の方が、村の暗い、むし暑い家の中より快適なのかもしれない。

この人たちと一緒に暮しているうちに、カトリックが宗教の規律を非常に厳格に保とうとする姿勢がわかるような気がする。カトリックは今日でも農村や未開地に多くの信者を持っている。この古くからつづいている伝統社会の人の心の中には迷信や因習が苔のようにこびりついている。これを清算して宗教化するというよりは、むしろ転化して宗教化する方が多い。したがって規律がゆるめばもとへもどるのである。日本の仏教の場合でも真言、天台から呪術を追放した真宗は規律がきびしい。当然排他的な面を持つ。

ところが万根同教の教えを持つ大本教の場合は規律や儀礼を明確にしていても信仰の上では併存が成り立つ。したがって改宗はその糸口では容易だが、完成化するまでには教団側が熱意と時間をかけなければ分派する危険がある。

大本教の中には不動信仰のムードののこっている分苑もあり、中国で行なわれている紅卍会の信仰の加わっている信者の人もある。その点では八百万の神々をお祀りす

せまい島の斜面に耕地をきりひらき、段々畑をつくって暮らす信徒

る神社信仰の基盤に立っている。

新興宗教大本教も、日本の文化の特質である古いものに矛盾を感じることなく新しいものにつながるという断層のあいまいさを持っているように思われる。

私は玉之浦で年や男女の差なく多くの人々と友達になった。仏教信者だというたった一軒の家をのぞいては。おそらくその家はひそかにかくれキリシタンを信じているのだろう。この小さな向小浦の部落の共同体から信仰の上で仲間外れになるというには、信仰上だけの理由ではあるまい。まだ何かあるのだろう。しかし会ってくれないその家の人からは私は聞くすべもなく、この島を去った。

私の乗ったポンポン船が大本教の教会の岬の下を通る時、沢山の信者の人が見送ってくれた。皆大きく手をふっている。人影がはるか遠く、見失われそうになっても、ふっている手だけはいつまでも見えた。

初めて会った老人たちのやさしいまなざしを一人になって旅する私はどうしても忘れることが出来ない。福江から長崎への船はこの人たちとの間を刻一刻とひきはなしながら、逆に私はいつでもすぐ会えるような気がしてならなかった。


（昭和三十七年に二回調査）

甑島 —鹿児島県—

甑列島

昔話を語り伝える老人　甑島《こしきじま》

鹿児島県薩摩郡下甑村手打

甑島——ずいぶんむずかしい字の島だ。甑というのは、米をむす道具で、せいろの丸いようなものだ。今時こんなものを使っているのは伊勢皇大神宮の外宮《げぐう》くらいだろう。ところでこの甑島は鹿児島県に属し、本土の西側にある三つの小さな島からなっている。

私がこの離れ島を訪れたのは、日本の昔話を聞きたかったからである。今から二十六年前（昭和十二年）、岩倉市郎という昔話のすぐれた採集家がこの島に渡って七十四の昔話を聞きだし、日本の民話の上に大きな貢献をした。その中には「炭焼長者」「鶴女房」「歌い骸骨」など昔話の代表的な型が記録されてある。

私が甑島の中の終着港、手打《てうち》についたのは午後六時頃、十一月だったのでもう日は暮れていた。漁村の細く暗い舗道を歩いて旅館を探した。旅館は、二軒しかないのですぐわかった。二軒とも比較する必要もないほどよく似ていて、電灯の電圧のひくい、わびしい商人宿である。私は港に近い方をえらんだ。

誰一人知る人もいないこの島に着いて、その夜は眠るよりほかに何もすることはなかった。

翌朝は秋日和の快晴である。私は旅館の裏の丘に登った。この下甑の島にどういうふうに人が住みついているか、眺望したかったからである。

丘の上から見える手打は、はっきり三つの部落にわかれていることがわかる。手前が浜とよばれる漁村、遠方が在とよばれる農村、その中間に麓とよばれる屋敷町がある。浜は部落が密集して波止場に小舟がつまっている。在は藁ぶきの家が防風林の中に点在して見える。そして麓には瓦屋根の二階建が目立つ。ここには村役場や学校、郵便局、お医者さんの家などが集まっている。麓というのは旧薩藩時代の郷士の屋敷町で今も残っているよび名だ。麓出身者は心の奥底に士族のほこりを持っていて、公務員や教育者

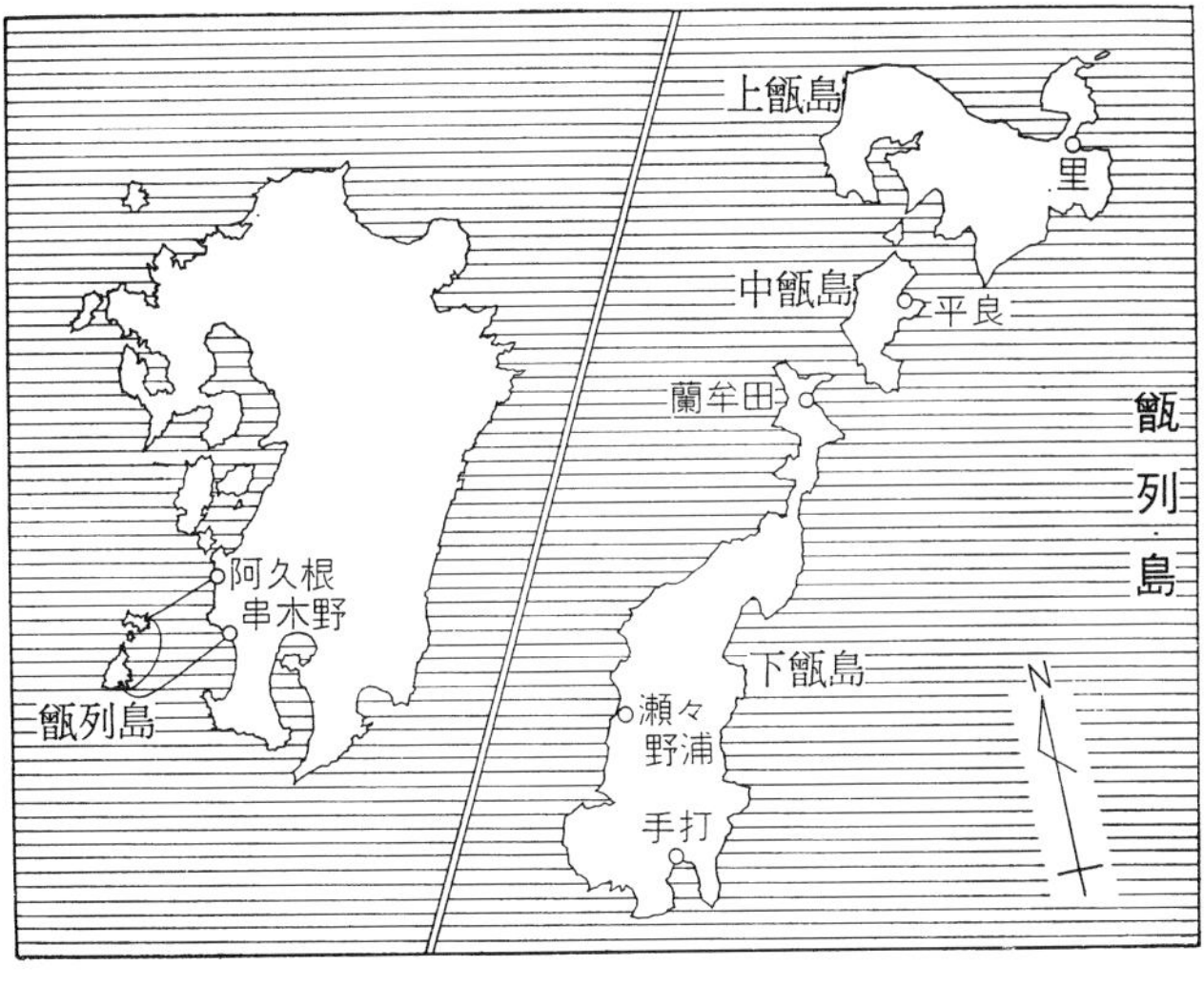

丘の上から見る下甑の景観。手前が漁村部落、正面山の麓が屋敷町、遠く海岸線にそって在とよばれる農村部落

の職につく人が多い。手打の場合もはっきりとうかがわれる。

この三つの部落は生産や外観が異なっているばかりでなく、生活する人の気持までが異なっている。たとえば浜の漁師は宵ごしの金を使わないというので飲み屋のようなものがあるが、在には一軒もない。麓のものは村役場や学校に勤めていて在や浜からはあまり嫁をもらいたがらない。ただもくもくと働くのは在のものである。

島内唯一の交通機関は自転車で、それもリヤカーがつくと、子供が珍らしがって後を追ったというほどである(昭和三十四年)。

村にあるたった一つの工場は、いもしょうちゅうの醸造工場で、近代産業とよばれるものは何もない。あるものは舗道にも、防波堤の上にもいっぱいならべてほしてあるいもの切干しばかりである。

丘から見える段々畑も大方いも畑で、水田はほとんど見えない。この島の人はいも畑のみで暮しているのだろうか。それにしては子供たちの服装が都会風できちんとしている。

この謎は私が手打にあるたった一つの郵便局に葉書を買いに入った時に解けた。郵便局は、手打から送り出す郵便の仕分けの最中だった。その送り先のボックスの中で圧倒的に大きいのが岸和田市、次いで尼崎《あまがさき》市である。同じ鹿児島県でも鹿児島市や串《くし》木野《きの》市のボックスはその四分の一もない。

私が珍らしそうに、この郵便物仕分けの作業を眺めていると、円満そうな顔の郵便局長さんが「何かご用ですか？」とたずねてくれた。

そして、岸和田、尼崎の両市はいずれも大阪を中心とする工業都市で、手打の村の人は、それも青年層のほとんどが工場労働者として阪神地方に働きに出ていっていることを説明して聞かせてくれた。子供たちの服装が小ざっぱりしているのは、これらの都会から送られたものか、あるいは送金であがなわれたものであることがわかった。

したがってこの島に残っている人たちは老年層と中学生までの子供の層に大きく分けられてしまう。おじいさんおばあさんと、孫たちだけで家をまもり、両親が関西の都会に働きに行っている例も多いのである。この事実が昭和に入ってなお甑島に昔話を温存させたのであろう。

さて、私は今はもう幾たりものこっていない昔話の語り手を探さなければならない。私は岩倉市郎氏の「甑島昔話集」のテキストを片手に、物語の出来る年寄りの家を一軒一軒たずねた。

田舎のことだから家はすぐわかった。しかしどの家にも絶望せざるを得なかった。ある家では語り手は十数年前にこの世を去っていた。またある家は、家ごと影も形もなく断絶してしまっていた。そしてたった一人生き残っている老人は、八十六歳で老衰のため生きている屍となり、視力も語る気力もなくぼやーっとうつろに庭の空を眺めているだけだった。二十年の歳月はとりもどすことの出来ない完全な過去になっていた。

私は秋の日の沈まんとする海岸の舟に身をよりかけ、どうして昔話の語り手を探し出したらよいのだろうかと思いあぐんだ。

その時、

「やあ、何か見物ですか?」

と私に声をかけてくれた人がいる。誰だろう。ふりむくと、さきほどの郵便局の局長さんだった。局長さんはなつかしそうな目をしながら、

甑島の在の風景。島には老人と幼児がのこり、青壮年たちは阪神地方に働きに行っている

「貴方は東京の人でしょう。私も大学は東京でした」と自己紹介をした。

「よかったら私の家に来ませんか。今日はわが家の井戸さらいで、人よせをしてますが」

「お邪魔でしょう」

「いや、貴方が来てくだされば、村の人は喜びますよ。単調な島の生活ですから、都会の話を聞かせて下さい」

郵便局長さんの家は井戸さらいがすでにすんで、慰労の宴会がたけなわだった。

私ははからずもこの席をかりて、島に来た目的をのべ、昔話の語り手に会いたいことを伝えた。

「さあ、今時どうかな。ラジオやテレビが入ってきて、子供たちはわしらの話を馬鹿にしはじめたからなあー」

「昔、といっても明治の頃は、親しい者が死ぬとその枕許でお通夜の昔話をして一夜をあかしたものでしたよ」

「そうだ、昔話は昼間の明るい時にするものではなかったな。大年の夜にもしたなあー」

皆それぞれになつかしそうに話してくれる。村人は昔話の語れそうな人の名を二、三人あげ、このささやかな宴会が果てた時にその家へ案内してくれた。

その家は麓の部落の小学校の裏手にあたる家だった。人の寄りよさそうな、気安い主の家とみえて、年寄や子供たちが五、六人も集まって、いろり火をかこんでいた。案内の村人が用件を語ると、みんな一様にだまってしまった。昔話はこんな雰囲気からは生れそうもない。が、私は先を急ぐ無遠慮な旅人である。無理を言ってその家のおじいさんにせがんでしてもらった。

おじいさんは口をごもごもいわせながら下をむいて何やら語りだした。ちっとも興にのらない顔である。仕方がない。それよりももっと困ったのは年寄の方言である上に歯が抜けているので、何を語っているのかさっぱりわからないのである。私は口惜しくて悲しくなるけれど、どうしてもわからない。そのうちにおじいさんが歌をうたいだした。

「かのた（叶った）かのたよ
　思たことかのた
　末じゃ鶴亀、五葉の松」

この歌の一句が私の頭の中で記憶をひらめかせた。歌をうたう骸骨の物語なのである。

私は手にしている岩倉市郎氏の昔話のテキストのページをくった。「歌い骸骨」という名前で、上甑島中野、下甑島手打、下甑瀬々野浦と三つのものが採集してある。もう一度始めからくり返してもらうと、このおじいさんの話はやはり手打のものとそっくり同じだ。

私はテキストのおかげでおじいさんの昔話の内容をたどっていくことが出来た。「歌い骸骨」は暗い昔話である。

——ある二人の商人仲間が商売をして、一人は沢山お金をもうけ、もう一人は何ももうけず手打の村へ帰る途中、五葉の松のところで休んだ。その時、損をした男がもうけた男の首を切って金をうばってしまった。

わが家に帰った男は三年後ふたたび商いに行き、以前休んだところの藪を通ると中から美しい歌声が聞えてくる。

　かのたかのたよ思たことかのた

末じゃ鶴亀、五葉の松
という不思議な歌である。この男は、

「はあ、人も居らん藪の中から歌声が聞えるが……」

とあやしんであたりを探してみると、歌っているのはなんとしゃれこうべだ。

「お前、こげんして歌をうたうのか」とたずねると、

「はい、歌うとります」と答える。

「どこへ連れて行っても歌うか」

「はい、どこへ行っても歌います」

これはよい金もうけが出来ると男はしゃれこうべを持って帰った。

それから男はある金満家の家へ行って、

「私は歌をうたう骨を持っております」とのべる。

「もしうたわなければどうする」

「この首をお渡し申す、うたった時は……」

「わしの財産を全部お前にやる」

約束が成り立って、骸骨に、

「それ、さ、うたえ、今うたえ！」と男は合図をした。

ところが骨はころばしても、たたいてもうたわない。

いろりの端で昔話をしてきかせるお爺さん

金持は腹を立てて「昔から骨が歌をうたうことはない、さあ約束通り首を出せ」

と言って首を切ってしまった。すると骸骨がよくとおる、美しい声でうたいだした。

かのたかのたよ、思たことかのた
末じゃ鶴亀、五葉の松

男の首を切った金持は嘆いてもらした。
「お前が早くうたってくれたら、財産を皆あの男にやっても苦しくなかったのに……」

骸骨は三年前の恨みを晴らしたのだった。

南九州の文化果てる孤島で聞くこの陰惨な昔話は、実は甑島のものだけではない。日本各地にある。それのみか、ヨーロッパのほとんど全域、アフリカ、インド、ブラジルにまで伝えられている。この物語の根本要素は、殺されたものが、その残存物からつくられた楽器によって加害者を暴露し、仇を討つ物語である。

「歌い骸骨」の物語は世界の至るところで偶然発生したのだろうか。そうではなく、なんらかの形で長い間に語り伝えられて広がったものと見られている。昔話や、骨の歌だけがとことこと世界各地をめぐって伝え歩くことはなく、必ず人間の伝播者がいたにちがいない。その一人がいつの時代かに甑島にもたどりついたのだろう。

あるヨーロッパの民話学者は「歌い骸骨」は初期ゲルマン時代にフランドルに成立したものと見ている。フランドルを中心として、一つはドイツをへて、スカンジナビア、フィンランド、さらにバルト海岸地方からスラブ諸国を通り、インドへの東方の道をたどり、もう一つは南方の道で、フランスをすぎ、スペイン、イタリアに至るものがあるとのべている。しかし日本の民話学者は日本だけでもヨーロッパ全体から集めたこの類話に劣らぬ採集量を分析して、フランドル発生説に疑問符を与えている（関敬吾著岩波新書「民話」）。

いずれにしても、この名もしれぬ歯の抜けたおじいさんの語った物語は世界中をとりまいている民話なのだ。

「歌い骸骨」ばかりでなく、「猿蟹合戦」も「天の羽衣」も世界の民族が共通して持っている物語である。

「歌い骸骨」の昔話がおわると、みんなは以前のようにくつろいだ。夜の時計は九時を打った。子供たちを迎えに母親がそれぞれの家からやってきた。その中の一人に炉ばたの人々が声をかけた。日にやけた中年の婦人で、土にいそしんだ素朴なやさしい表情をたたえた母性的な人だった。みんなからは「せみ小母《おば》さん」と親しくよばれている。

このせみ小母さんが昔話の名人だったのである。せみ小母さんは、東京の人の前では……としきりにもみ手をして恥かしがっていたが、坐りなおして落ちつきをとりもどすと、はっきりした口調でしゃべりだした。昔話は「瓜姫ジョー」である。話し方にきまった抑揚や身振り手振りまで加わると、せみ小母さんは人が変ったようである。おそらく、せみ小母さんの前の口承者の伝誦を彼女自身も正確に伝えているのだろう。

せみ小母さんの昔話は、

――昔なあ、子供のおらん夫婦があったげな、嬶《かかあ》が川へないか洗うへ行ったところが、瓜がながれてきた。「まかいそうな瓜じゃ」というてくったところが嬶は妊娠になって女の子が生れた。その子をウルフメ（瓜姫）と名をつけた。

瓜姫はだんだん大きくなった。「瓜姫ジョー、瓜姫ジョー、わらあ、うまかもんばちいす（少し）くうか、んもうなかもん（うまくないもの）ばううごと（沢山）くう

「瓜姫ジョーがキーンカッチン、キーンカッチンと布織をしているとそこへ天のさぐめがきて……」

「嬶が川へないか洗うへ行ったところが瓜が流れてきた……」瓜姫ジョー物語より

か」というと「わたしはうまかもんばちいすくう」という。そーわった（そうしていた）ところがある日親二人は山へ行かる。「瓜姫ジョー、瓜姫ジョー、誰があけれいうてもあけるな」、二人は家をつめからげて行った。

　瓜姫ジョーがキーンカッチン、キーンカッチンと布織りしていると、そこへ天《あま》のさぐめがきて「瓜姫ジョー、瓜姫ジョー、ここをちいとあけてくれんかい」という。「父と母があけるなというた」「そげんいわじん、あけてくれ」あけたところが天《あま》のさぐめは中へ入ってきて、姫をつかまえて柿の木にしばって、目にいもギー（いもをつらぬく竹ぐい）をさいて、自分は瓜姫に化けてキーンカッチンと布を織った。

柿の木にしばられた瓜姫ジョーを父がだきおろす仕草

「それから芝居がかかったので瓜姫を駕籠にのせて芝居見物にいこうとすると」

父と母が山から帰ってきた、「瓜姫ジョー、瓜姫ジョー」「はい、はい、今でござったか」父と母は瓜姫の布織る音がちがうので、「わらあうまかもんば、ちいすくうか、んもうなかもんば大ごとくうか」というと、「おれは、まかもんば大ごとくう」という。父と母はすーだ（妙な）もんだと思った。

それから芝居《しばや》がかかったので瓜姫を駕籠《かご》にのせて、芝居見に行こうとすると、柿の木にしばられた瓜姫が、

「ウルフメが、ウルフメがのったる駕籠の中には天のさぐめがのっとる」といったので、父と母は駕籠の中の天のさぐめを引き出して殺してしまった。柿の木の瓜姫は目が見えなくなっていたので、神さまにお願いしたら目がよ

手打の浜に切いもをほす農家の人

くなった。そひこのげーな（そうゆうことだった）。

瓜姫の話は、前の部分は桃太郎に似ているし、後半はグリムの赤頭巾に似ている。一体昔話は、その話自体の面白さは別としてどういう意味があるのだろう。たんなる空想の所産ではなく、現実の生活を反映したものであろう。

たとえば、この「瓜姫ジョー」の場合には、古い時代には女性が一人前になるために課せられた道徳や生産の背景を感じさせる。少女時代にはおいしいものを沢山、しかもむしゃむしゃと食べるような不行儀や浪費をしてはよき嫁御になれないというモラルがあった。また一人前の女性は一般の習慣では一ヵ月二反の反物を織る能力が結婚資格として要求された。したがってこの物語には一人前の女性になるため社会要求の常識がうかがわれる。この常識におさまらない女性は天探女《さぐめ》のように考えられて、結婚の資格には欠けるものと見なされていた。

今日では道徳律もかわり、昔話はその座すらも失いかけている。昔話は社会の役目を果して老兵のように消えゆくのみである。甑島もその例外ではないだろう。

私はせみ小母さんの完全に型をととのえている「瓜姫ジョー」を記録してこの島を去った。翌日の午前五時、暁の空の星をいただいて手打の港から船に乗った。

（昭和三十一年調査）

珊瑚礁原の魚とり

南海の亜熱帯、珊瑚の島

沖之永良部島《おきのえらぶ》

鹿児島県大島郡奄美群島

奄美本島名瀬《なぜ》港を朝出帆した商船は昼頃徳之島の亀徳《かめとく》港に入り、夕刻には沖之永良《おきのえら》部《ぶ》島の北端に至る。山や岡のある奄美本島や徳之島を見なれた目には、沖之永良部はうすい平なお皿をふせたような島で、南海特有の珊瑚礁から出来ている。本島や徳之島が古成層の島であるのに、沖之永良部、喜界《きかい》、与論《よろん》の三つの島が珊瑚礁の島であるということは、奄美群島を理解する上に、非常に大切なことである。この二つの風土の差が島の人の生産や生活を決定的に左右している。

たとえば、海から見ると、奄美の古成層の島の村は山かげに集落をなして屋根が見える。激しい台風をさけるためである。珊瑚礁の島には山がない。防風林の人工ジャングルの中に屋根をかくして、島人は暮している。

古成層の島には島人が何よりもおそれている毒蛇ハブがいる。珊瑚礁の島には一匹もいない。だから島民は夜明けから日没後まで野良で働き、青年が夜、蛇皮線《じゃびせん》やギターでセレナーデを鳴らして村の少女たちを散歩にさそう。古成層の島の人は日が空にあがり、照り出さないと働きに行かない。日没前には必ず帰る。太陽が去るとハブが活動を始めるからだ。浜辺でデイトもしないわけではないが、ハブの恐怖がつきまとい、珊瑚礁の島の若者のようにのびのびとはゆかない。

商船は和泊《わどまり》港の沖に停泊する。ここから港までは伝馬船に乗る。珊瑚礁のために入れないのである。島を美しくしているのは珊瑚礁だが、島の文化をはばんでいるのもまた珊瑚礁である。

海の荒れた夜はつらい。伝馬船が二メートルくらいも上下にゆれ、その機会をねらって本船のハッチからとび下りる。お婆さんも妊婦もこうして命がけで島から出たり入ったりする。

三十分も伝馬船にゆられて珊瑚礁を迂回しながら和泊の港に入ってゆく。この耳飾りのような形の島には五万人からの人が暮している。港のある和泊の町をぬけて榕樹《ようじゅ》（ガジュマル）の森の村のなか

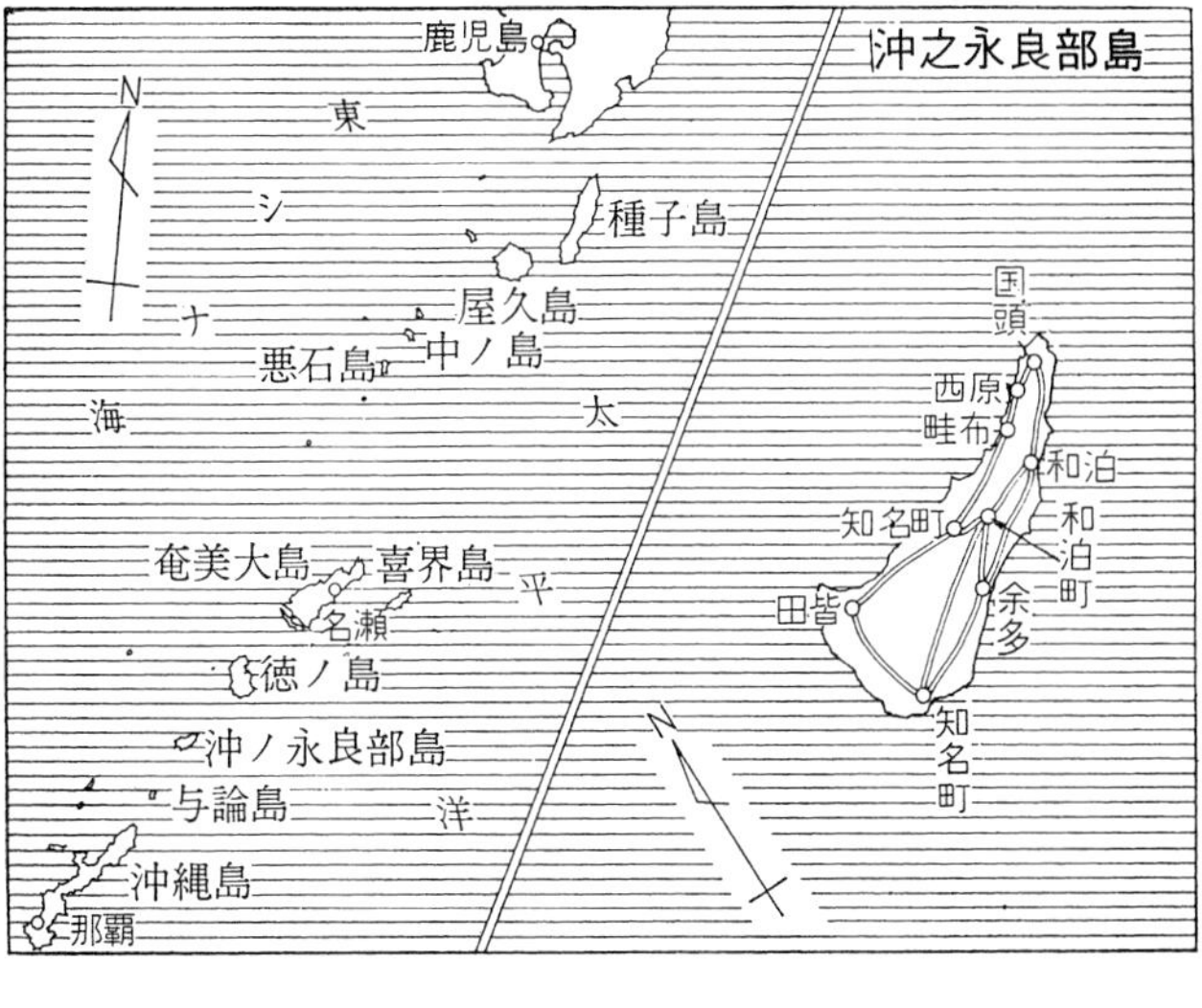

防風林の中にかこまれた沖之永良部島の農村（西原部落）

に吸いこまれると、旅人は誰でもこの島の風土の鮮かな美しさに魅せられてしまう。わが国について京都とか、信濃路、瀬戸内海、北陸の雪国といった伝統的な風土の印象しか持っていない人は、強烈な亜熱帯の印象に新鮮な視野を加えるだろう。

泉

珊瑚礁の島は降った雨が地上にたまらない。地下に吸いこまれてしまう。それで島人は用水に不足して苦しい生活をしている。地下に吸いこまれた水は所々で泉となって噴きあげている。村はこうした泉を中心にしたところが多い。和泊のように海辺のきわに泉のあるところもある。

知名町《ちなちよう》の住吉の暗河《くらごう》とよばれる泉は、地底の真暗な階段を何十メートルも下りていったところだ。水の噴きあげているあたりでは流れるせせらぎの音のみ聞え、誰かがともしてくれたローソクの灯も天井からぽたぽたと落ちてくる地下水の水滴ですぐ消されてしまう。住吉の女たちは桶で水を汲みあげ、頭にのせてぬれた石段を運び上げる。亜熱帯の風光の美しさに見とれてばかりいた私は、この島人の生活のきびしさに激しく心を打たれる。都会では水道の栓を一秒間軽くひねるだけで無尽蔵に水を得ることが出来るのだ。この島では、四、五人の家族を養うためには、一日四時間、こうして水運びをしなければならない。

瀬利覚《せりかく》や畦布《あぜふ》も大きな泉がある。数年前までは、村人は誰でもここで水浴をした。暑い日は一日に五度も六度も浴びた。女の人たちは水浴しながら井戸端会議を開いておしゃべりを楽しんでいた。私は満月の夜、畦布の泉に浸ったことがある。男の泉と女の泉は少しはなれていたが、お互いに島唄を合唱する。私だけが唄を知らない。月影が水にうつるなかで私は島の人の暮しをうらやましく思った。

最近は、畦布の泉は水源地になり、瀬利覚も野天ぶろのようなのんびりした風景はバスの中から見えなくなった。それでも島の人は旅人たちの知らない榕樹の影の泉で生活を楽しんでいるだろう。

村人の集まる泉。水浴ばかりでなく飲料水もここでくむ（畦布）

百合の花と蘇鉄《そてつ》の実

沖之永良部島の少女たちがよくうたう唄に、

「永良部百合の花
アメリカに咲かち
うりが黄金花《こがねばな》
島によう咲かさ
如何《いか》に横浜の
波荒さあてむ
百合玉はすてんな
島のよお宝」

戦後出来た唄だが、島の情緒をよくうつしているので旅人の間にも人気がある。重い珊瑚礁のかけらをお土産にするより、この唄一つ覚えて帰って、亜熱帯の思い出を内地の人に伝える方がよい。

沖之永良部の百合はニュージャージー種というアメリカ原産のものが多い。地質に合っているためかよく育つ。

真夏には木陰で一家そろって百合根の鱗片をはがしている風景を見かける。百合根といっても子供の拳くらいある大きなものだ。これを一枚ずつはがして夏から秋にかけて土の中に埋めてやる。三月から四月の始めになると白い大きな蕾がつく。島の人はこの茎を切ってアメリカに輸出する。復活祭の花束にするのだそうだ。島のおくれた経済生活がこの百合の輸出によって豊かになりつつある。

暗い春の夜道に、この百合の一輪を髪飾りにつけてくれれば、足音よりも先に匂いでわかる。どんな美しい少女かと顔をのぞきたくなる。

蘇鉄の実

島の少女たちが百合の花の唄と同じくらいよくうたうのに蘇鉄の実の唄がある。

「赤い蘇鉄の
実のうれる頃
カナは年頃
カナは年頃
大島育ち」
（カナとは恋しき乙女という意味）

蘇鉄は奄美群島では自由奔

放に野生して育っている。風景に亜熱帯の感じを与えているのもこの蘇鉄があるからだ。パイナップルやフェニックスに似た灌木で、雄の樹には雄の花を、雌の樹には雌の花をそれぞれつける。雌の花は直径三十センチもあって大変大きい。受粉すると、花の中に一ぱい赤い実がつまる。

沖之永良部島では九月、十月、どんなに太陽の光が強くともこの実の赤くなる頃を秋ときめている。

奄美の娘たちは野山に赤い実をつみに出かける。実の殻を破ると白いしんがある。しんを臼《うす》でついて粉にして奄美の人たちは食糧をつくる。そのままでは鉄分が多すぎるので流水で何回もさらす。それから粥や味噌が出来る。粥は甘く煮るとどろどろしていてうまい。味噌は豆よりもあっさりしている。が血の薄い人には造血剤になると言われている。蘇鉄を漢方薬では通経剤、下痢止めなどに使っている。

今はもう食糧が十分にあるからよほどの田舎でないと、この蘇鉄味噌も味わえない。戦争中から戦後米軍に占領されていた八年間は、蘇鉄を食べて飢えをしのいだそうだ。

蘇鉄は食糧だけではなく、珊瑚礁の島にとってはさまざまな生活の恩恵を与えている。雑木林のない島では枯れた葉を刈って燃料にする。よく燃えるが火力は弱い。この葉を緑肥として田の土にいれているのも見た。鉄分の多い葉を使って土を酸性化するのはいいものだろうか。私は疑問に思う。

畑でゴマや豆の種を植えた後には蘇鉄の葉を一本立てておく。それだけで誰々さんの畑は蒔付け終りということがわかるのだそうだ。一種の占有標の役目をしていることになる。

島の子供たちは都会の子供のように玩具を自由に買えない。そんな店もない。むしろ自分たちで作ることに楽しみを知っている。葉を上手に編んで花かごをつくる女の子もいる。

また赤い実に一つ一つ丹念に顔を彫ってヤナブ人形をこしらえる。この顔は島の人たちの表情をうつしていて面白い。

私はヤナブ人形が欲しくてたまらず、村の子供たちにわざわざ作ってもらった。何日かたって沖之永良部島を離れようと商船に乗った時、赤い実はしぼんで、お人形の顔はみにくく皺だらけになっていた。私は惜しかったけれども青い南の海の中へ投げすてた。みにくく変った人形の印象を内地の人たちに伝えて誤られるのは苦しかったからだ。

一重一ビン

奄美の人たちは集まりをするとすぐ一重一《いちじゅういち》ビンをやる。

一重一ビンとはパーティの一つの方式だ。参加者が自分の好きなものをつめた重箱の一重と、一本のカンビンに酒（多くは泡盛）をつめて持ちよる会合だ。もちろん会費なしである。

私のような旅人が何も持たないで、飛入りしてもちっとも困らない。一つの重箱に幾種類も腕を振って詰め合わせてもよいし、独身者だったら、ビスケットやせんべいを一袋買って詰めて来てもよい。

お酒はカラカラとよばれる、ドーナツに差し口のついた酒器でさす。ちょうど二合はいる。宴会で平均二合というのはかなり飲める。五勺《しゃく》くらいしか飲めない人もいるので、泡盛四合ものめば大ていのウワバミも音をあげてしまう。

みんな円陣をえがいて持ちよった重箱をそれぞれの前に出す。自分の好きなものをつまんで勝手に食べればよい。嫌いなものは手をつけないだけである。奄美料理の特色である骨つき豚肉の角煮などが一番人気がある。豚肉の味噌漬もおいしい。漬物は若い娘さんより、中年の奥さんたちが上手だ。また泡盛はお婆さんが古酒の素晴しくいいのを持ってくる。それに黒砂糖をつかってさらに口あたりをよくしている。だから村の若者たちはお婆さんたちにも愛想よくしてご馳走になるのだ。

私は沖之永良部島の北端の国頭《くにがみ》部落の人と岬に出てやった一重一ビンを忘れることが出来ない。

島の娘たちはさまざまなご馳走を頭にのせてこの岬にはこんでくれた。

珊瑚礁の岬の上、日の沈む頃の一重一ビン

一重一ビンのピクニックにいく島の少女たち

夏の太陽が空いっぱいの夕映をのこして黒潮のなかに沈みかかるころ、この南海の宴《うたげ》ははじまった。飲み、かつ唄いながら島の人たちは陽気に踊る。満月の光をあびて夜のふけるのも知らない――といいたいが、実は一重一ビンなので、三時間くらいで終わる。ご馳走がなくなっても、酒がなくなってもそれっきりである。つまり時間的に区切りがつく。これも一重一ビンのよいところである。夜の潮風に吹かれて、みんな名残りおしそうに島唄を口ずさみ、手をつないで帰ってゆく。私はその時くらい、孤島に住む人たちの人なつかしさを感じたことはない。

沖之永良部島の正月

亜熱帯の島の冬は暖かい。一月の厳寒といわれるころ、畑には菜の花や大根の花が咲いている。内地の四月頃の暖かさだ。「寒い、寒い」といって歩いているのは、新調のオーバーを着た女の子が友達の気を引くためだという。

正月を新暦でやるのは町やお役所だけ、農村は今でも旧暦で行なう。旧暦のほうが何かにつけて都合がよい。さとうきびからつくった砂糖が現金になるのも旧暦の正月前だ。製糖は奄美では島民の経済生活に大きなプラスになっているから、このお金が入らないと楽しい正月は迎えられない。

年末の大晦日が近づくと村の人たちは一番のご馳走である豚をほうる。親戚ごとに

正月のご馳走準備の豚ころし。このために珊瑚礁が赤くそまる

集まって海岸の珊瑚礁で豚の肉をさく。その血潮で珊瑚礁原は赤く彩られる。島の村人たちは都会の人のようにいつでも自由に豚肉が買えない。不自由な島の生活では、村人は自給自足するよりほかはないのだ。

この肉は正月三日間、それにつづくさまざまな行事のご馳走になる。

大晦日の夜は家族ごとにお膳をつくって年越しの祝いをする。元日よりも年越しの夜を大切にするのは、宵まつりなどの意味と同じく、一日のはじまりが前の日の夜からという古い時代の考え方がのこっているためだろう。

元旦の朝は早くおきて、村々の泉にいく。その泉は精進河《しょうじごう》とよばれて、体を清めるためのものである。精進河で水をすくって手を洗い、水滴を頭にたらして儀礼的に清め、洗米を髪毛に二、三粒おく。お嫁さんたちはその帰り道、実家に立ちよって、自分の祖先の位牌《いはい》や仏壇を拝む。

奄美群島ではお嫁さんはまだすっかり夫側の親戚集団の一員に入っていない。それよりも彼女の父側の親戚集団に近いことを意味する。夫側の親戚集団に入るのは彼女の子供、つまり夫の血の流れている人間からである。この人間関係は奄美の人々の集団を考える上の基盤になっている。

沖之永良部の人たちは正月三ヵ日はのんびりと骨やすめをして暮す。ところが五日くらいから毎日のように猛烈な宴会がのべつまくなしに始まる。

年祝い、結婚式、先祖祭などが各家こぞっていっせいに行なわれだす。

年祝いは十三歳の少女の成女式からはじまって、七十七歳、八十八歳の年寄の長寿の祝いまで。先祖祭は年の始めに先祖の霊を祭り、ユタとよばれる巫女のお婆さんをよんで、先祖の託宣を聞く。また仏さまが死んで三十三年たつと、仏個人の資格からぬけて先祖という神の仲間に加えられる。つまりその日は仏の祭上げで、村人たちは、長い赤旗、白旗をうちふり、うたいながら、にぎやかに親戚集団の墓地まで行列をねりこむ。おそらくこれは仏を送ってゆく形だろう。墓前で先祖祭の舞いを奉納して祭は終る。

正月元旦に村人たちは身を清めるために泉にいく。洗米を泉にまき、頭にのせて一年の健康を祈る

　お見合、結婚式も真冬に行なう。満艦飾《まんかんしょく》の花嫁衣裳や黒紋付の羽織袴を着るには暑くない唯一の季節である。

　お見合は家見《やーみし》といわれる。花聟《はなむこ》の家へ花嫁の一行が訪れて真正面切っての一大見合をする。もちろん花聟は天井をにらんでコチコチになっているし、花嫁は真下をむいたままで一度も顔をあげ得ない。

お見合は娯楽の乏しい村の若者や農家の妻たち、娘たちにとっては一大ショーだ。皆家の中をほったらかしてこの有様を見物する。なかには見物しているうちに嬉しくなって、ギターをひきながらジャズをうたいだす若者たちもいる。こんな風だからお見合をしてしまったら結婚せざるを得ない。見合はここでは相手を選別する機会ではなく、結婚儀礼の一つであろう。しかし、こんな古風な見合は若い人たちの間では歓迎されなく、だんだんへりつつある。

見合がすめば結婚式前まで夫が花嫁の家へかようことが認められる。その後ニービキという嫁入式、つまり結婚式が行なわれて、妻は夫の家へ住みつく事になる。

結婚式の時は見合以上の見物人だ。少し大げさにいうと男たちはみんなお祝儀によばれ、女たちはみんなその手伝いに行き、村中農業は臨時休業となる。

花嫁さんがお輿入れをする後から、嫁方の親戚が大きな布団包みを頭にのせてゆらゆらと運んでくるのが見ものだ。

正月三カ日がたつとこうした行事がほぼ二週間くらいの間、特に七日、十五日頃に集中して行なわれる。村人の半分はお互に親戚だから、あちこちからよばれる。縁起のよい日にあたると一日に十軒も十五軒もまわることになる。しかも料理はどこの家も豚の煮もの、豚の味噌汁だ。同じ顔ぶれが同じような祭に、同じ料理を食べてぐるぐるまわり、村中がカクテル・パーティをしていることになる。旅人でも正月に行きあわせ一軒の農家と友達になると、たちまち四、五軒からご招待がかかり、この宴会戦争のうずにまきこまれ、あっという間に一週間をすごしてしまう。まさに浦島太郎的ムードだ。

正月のシーズンがすむと、沖之永良部の人たちは猛烈に働きだす。第一期の田ごしらえが始まるからだ。

奄美は米を年に二度つくる。二月ころ稲の種を蒔けば七月から八月に刈りとれるのだ。珊瑚礁の島の田は漏水《ろうすい》がはげしいので田の畦《あぜ》をかためるだけでも大変だ。脱穀に使う樫杵《かしぎね》で畦の周囲を打つ。そして雨を待つのである。多くは天水田《てんすいでん》なので、冬から春にかわるころの季節の雨が何よりの恩恵なのである。

昭和三十年頃までは人力で土を耕していたが、三十六年頃からは島にも自動耕耘《こううん》機が入りだした。村の農耕法は日に日に新しくなって内地の先進農村地帯にせまりつつある。それどころか、内地には出来ないパイナップル畑もふえ、おいしいジュースの工場までが直結するようになった。

奄美群島は日に日に新しくなりつつあるようだ。私は沖之永良部島の近代化に期待する。おそらくそれは島の人の生活を豊かにし、孤島苦のわびしさからも解放されるだろう。その日になっても、俗悪に染まない珊瑚礁の島の風光の美しさ、旅人を素直に迎えてくれる村人のやさしさが変らないことを望みながら。

（昭和三十、三十一、三十二年調査）

知名町田皆にあるトラバーチン採掘地

久高島 —沖縄県—

久高島

沖縄

久高《くだか》島

私が沖縄へ行ったのは久高島という、芥子《けし》粒のように小さな島、その島へ一足でも渡りたいためだった。

久高島は沖縄本島の南の知念から東へ六キロほどのところにある孤島だ。私は本島からこの小さな島の眺められる丘へのぼった。丘の上からは黒潮の波間にうすく久高島が見えた。この丘が斎場御嶽《せーふぁあうたき》だったのである。

久高島のことを知るために、まず斎場御嶽のことからのべよう。斎場御嶽は知念《ちねん》村久手堅《くしゅけん》にある。御嶽というのは神が天から降りてくる森で、小高い丘になっているところが多い。内地流にいうと鎮守の森だ。斎場御嶽は沖縄中の御嶽の中で最も神聖なところとして琉球王朝時代に知られていた。

バスを下りてこの丘への道をたどりながら登っていくと、白い立札が目につく。「斎場御嶽入口、旧暦で拝すること」とある。今でも旧暦の祭日にはお参りに来る人があるらしい。丘の上は平らな台地で、草もあまり生えていない。その上に翼をひろげておおいかぶさるように崖がたっている。その崖の下に立つと天から崩れてきそうな不安定感、伝説では、琉球をつくったというアマミキヨが天帝の助けをかりてこの御嶽を築いたという。

大きな崖の上から長い乳房のような三本の石柱がたれ下っている。その先端から水滴がぽとり、ぽとりと間をおいて落ちる。下に小さな壺がおいてあってうけている。それ以外何もない。実はこの淋しい御嶽を廃墟とよびたいのだが、壺以外はすべて自然風景で、過去の人間の遺産らしいものの姿が目につかない。少し大袈裟だが太古の姿のままといった方がよい。

私は斎場御嶽の中心に立って、一世紀前の神秘的な光景を想像してみようとしたが、今やこの場所はそれほどのイメージをおぎなう何物もない。

当時は琉球王の姉君か妹が国家最高の巫女の位につき、聞得《きこえ》大君《おおきみ》といった。斎

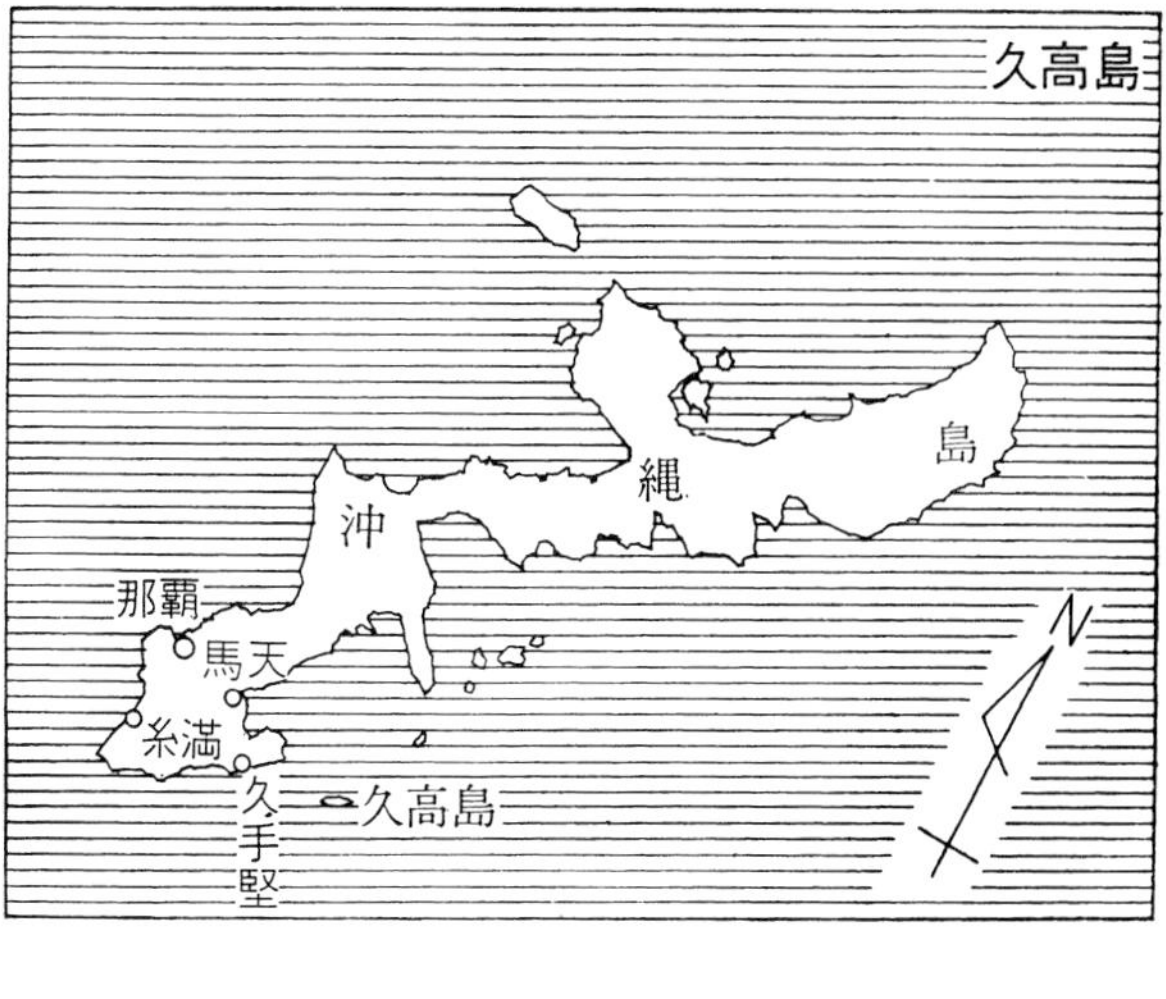

場御嶽はその聞得大君の即位式場だったのである。この日は白衣の清浄衣を身につけ、白い鉢巻を長くたらした聞得大君をかこんで、全島の巫女が参列したのだった。代々の国王も毎年か隔年ごとに斎場御嶽に御幸して礼拝した。

ここにある三つか四つの壺は水滴をうけて溢れると水害、乾くと日照りと信じられている。ちょうどうまい具合に八十%くらいの水が入っている。崖の壁面の根本には線香台があり、もえのこりが散らばっているところを見ると、やはり今でもここを訪れる信仰があるらしい。

斎場御嶽から見る久高島はうすい緑色をして遥かに見える。

この久高島は琉球住民が発祥の地であるという伝説を持っている。今もそうした古俗が残っているらしい。私が渡りたいのはそのためだった。私は淡い島影を眺めながら考えあぐんだ。

そして知念村の三等郵便局を訪れた。局長さんはオフィスの奥まったところに着座していて、私にけげんな顔をむけた。

私「久高島の郵便物はこの郵便局からはこぶのでしょうか」

郵便局長「はい、そうですが……」

私「今日はその舟は出たでしょうか？」

郵便局長「貴方はどなたですか？」

斎場御嶽。琉球王朝時代には国家最高の巫女の即位式場であった

そこで私は自己紹介をし、本意をのべた。黙認ということで、郵便をはこぶ舟に乗せてもらえることになった。一つ条件があった。郵便集配者と浜へ舟を下ろす手伝いをすることだ。砂浜のサバニを波ぎわへ二人の力で押し出すのは大変なことだった。全力をあげても、二時間かかった。いつもは浜の人を雇うのだそうだ。今日は私が勤労奉仕する。私は力を貸すことによって一セントも支払わずに便船にありつくわけだ。つまりドルの軍政下にあって、なるべく私にお金を使わせまいとする郵便局長さんの親心でもあった。

海に浮いたサバニは小さなエンジンを持っており、かるく波をけたてて走る。久高島に近づくと、中央にこんもりと茂ったところが見える。郵便集配人は、

「あれが久高の御嶽です」

と教えてくれた。私にもよくわかった。

サバニは珊瑚礁の入江についた。郵便集配人は浅瀬にいかりを投げた。私たちは迎えに来てくれた島の人におんぶされて渡った。

陸にあがると、郵便集配人に別れをつげて御嶽の方へ歩き出した。

島の畑の中の細い道を通ってゆく。畑には小石がいっぱい並んだ筋がついている。これを発見した時、私は胸がつまった。久高島にはまだこんな地割制が行なわれているのだろうかとわが目を疑ったほどだ。この村の人たちは十六歳になると村から土地

小石をならべて地割をした久高島の農地

をもらい、六十歳になると村へ返す仕組みになっている。もらった土地はこえていたり、やせていたりすると不公平になるから、平均する方法が考えられる。島全体の土地を幾つかの段階にわけ、各人の土地をこえた土地からやせた土地までに分けて与えるのである。畑地に小石を並べて筋がつけてあるのはそのための区分だ。働く段には大変だ。村中の人が公平な土地をもらっても、あっち、こっちに行って耕したり、種を蒔いたりしなければならない。作業能率の悪いことおびただしい。鍬《くわ》を振るより歩いている方が多いくらいだ。ところが、島の男たちにこのへんの事情をたずねてもはっきりしない。

女は男の半分しかもらえないが、耕作

するのは女の役目だという。妻はたいてい夫の分も耕しているのでずいぶん割が悪い。夫は幾つもある自分の畑すら知らないものも多い。それを聞くと、

「米をつくったり、炊いたりすることは女の仕事になっているのです。貴方だって自分の家の米びつにどのくらい入っているか、知らないのと同じことですよ」

といわれた。農業は、米びつという家庭経済の分野に含まれているのか。

久高島では農業は大切な生活ではあるが、産業ではない。農業はそのまま食生活につながり、一連の労働と見なされているから女性の分野になっている。したがって酒をかもすのも女の仕事、穀物に関する祭も女が中心になってやる。

男の仕事は漁撈《ぎょろう》である。海にもぐって魚を突くことだ。ところが太平洋戦争で久高島の周辺は物すごくたくさんの船が沈んだ。昭和三十三年頃までは海の中から軍艦の砲身が空に突き出ていた。それで男たちは漁撈よりもこの海中スクラップの解体作業をしていた（最近の久高島はスクラップの整理がつき、男たちは戦前の潜水漁業を行なっているようである）。

こうした原始的な土地分配法の地割を見ながら私は御嶽の森の前の広場に出た。そこは宮《ミャー》とよばれているきれいな聖地だ。

久高島の御嶽は平地で、ガジュマルの大木がある。その根本には石の線香立が一つおかれて、周囲は塵一つない。神道流にいえばキングサイズのひもろぎである。むし

ろ社《やしろ》のない森と見なした方がよい。この聖林をよりしろにして神は天から降りてくるのであろう。

沖縄にはこうした聖林が村々にあり、宮《ミャー》は祭の場になる。農業が女性だけで行なわれるのと同じように、祭も女性だけで行なわれる。男性を聖域内に入れることを禁じているところもあるほどだ。

この御嶽におつかえしているノロの家はすぐ近くにあった。ノロとは巫女のことだ。「祈る」の「い」音が消えてしまい、動詞が名詞化したものだ（沖縄方言では言葉の始めに母韻が来ると脱落されて発音されないものがある）。ノロは祈る人の意味だ。

久高島のノロは八十歳をこえていた。その顔の気高さが私を驚かせた。宗教的な気品にみちみちているのである。

ノロは久高の村には三月に麦穂祭、六月に粟穂祭、八月の海神の祭のあることを教えてくれた。八月の祭が一番大きく、三日間もつづく。当日は久高島の女性は白い清浄衣を着て老婆から子供にいたるまで全部御嶽に集まる。数名の巫女《ノロ》が中心になって神の資格を持ち宗教儀式を行ない、蛇皮線《じゃびせん》で神歌をうたいながら舞いだす。これには村中の全女性が参加するが、男達はこの聖地には入れない。女神たちの神あそびが始まると、浜で青年たちが捕った魚の分配をする。島の女の人は今ではこの祭を女性の出産と子孫繁栄と見ているが、むしろ漁撈に関係ある祭のようだ。

この程度の祭なら沖縄中でどこでも見られる。私が久高島を訪れたのは、イザイホウという十三年目に一ぺん、午年の祭のことをあらかじめ聞きたかったからである。

三十歳から四十二歳の島の女性で巫女の資格のあるものをえらぶ選定儀礼である。宮《ミャー》の広場に聖樹クバの葉でふかれたアシャギとよばれる神聖な小屋がたつ。この小屋にわたるために幅九十センチ、長さ一メートルくらいの砂でおおわれた形ばかりの橋が出来て、俗界との境界をつくる。巫女の試験を受けるものは白衣を着、素足に髪を長くたらしてこの橋にむかって掛声もろとも突進してくる。その時は神がかりをした形相で、不貞の女性はこの橋から落っこちてしまうという。イザイホウが貞操試験だと誤り知られているのはこのためである。

橋をわたり、アシャギに入れたものは祭の三日目に巫女合格の印を額と両頰にもらってやっとナンチュという資格を得る。祭の下働きをする巫女の最下位の段階だ。ナンチュを卒業して実務にあずかるヤジク、その上が監督役のタモトである。七十歳になればタモトをやめて村の巫女の役から退く。ノロはその上位にある終身の神聖階級である。ノロは村の女性と祭と、農業はじめ他の生産などを掌握し、宮田のようにノロの田圃、ノロの網を持っていて生活を保証されているばかりか、村長に劣らない人気と発言力を持っている。

私の訪れた外間《ほかま》ノロは手の甲に美しい紫色の入墨をしていた。島の人はこの入墨を

（右）ノロの神棚。三つの石はかまどの形で火の神を象徴している
（左）久高島のノロ。孤島の司祭者としてその顔は気品にみちている

見ただけで彼女の家門、家系などが一目でわかるという。

ノロは東京から私が訪ねてきたというと、喜んで私の旅行の安全をノロ殿内《トンチ》の火の神に祈ってくれた。

火の神は鉄の香炉の中に玉石が三つすえてある。この三つの石は鍋や釜をのせる原始的なかまどの形で火の神を象徴している。ノロはそこへ線香をたてて祈ってくれるのである。

火の神は沖縄における信仰の中心をなしている。内地でも荒神さまとか竈《かまど》神様とかよんでいるものがこれだ。

沖縄の場合には隣国の中国の俗信がもっとはっきりした形でうつっている。火の神は毎年十二月二十四日に昇天して、家人の一年中の行状を天帝に報告

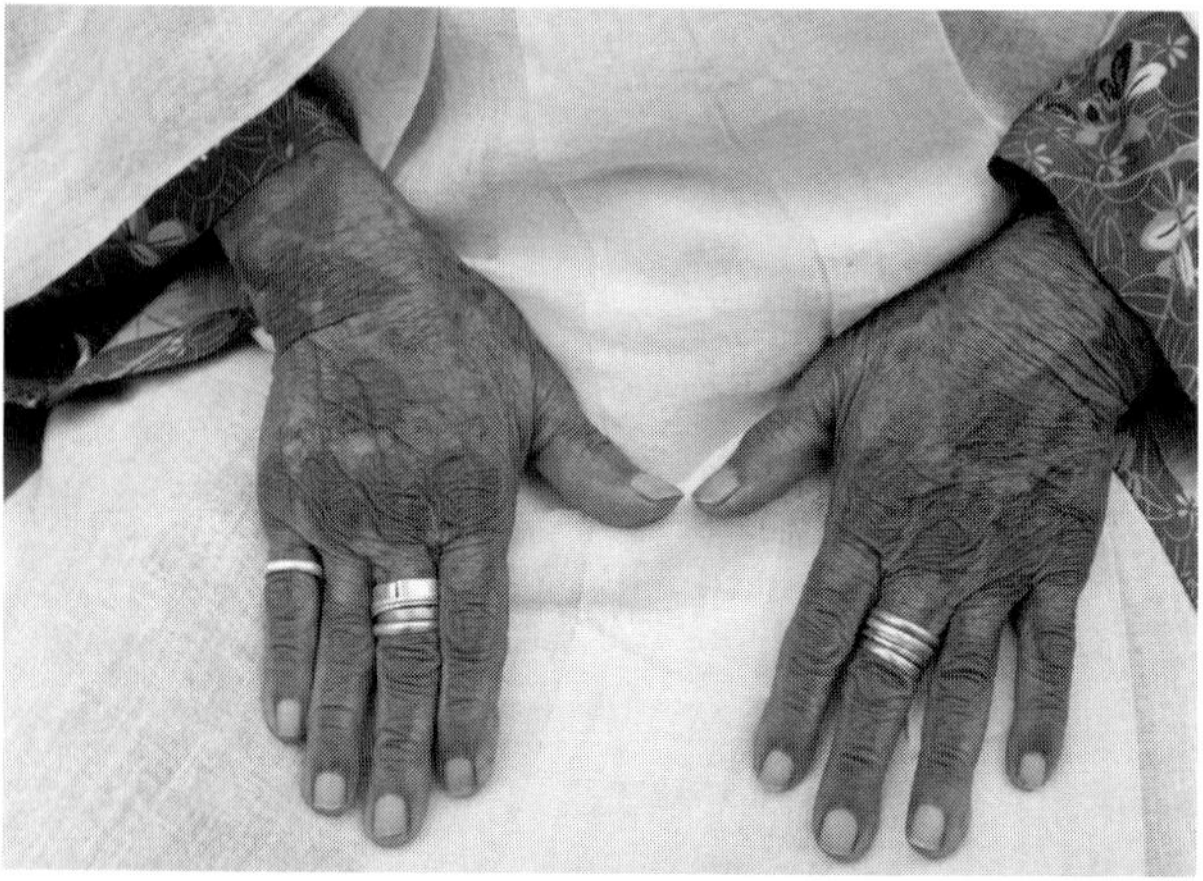

いれずみのしてある久高島の巫女の手の甲

して大晦日の晩に帰ってくると信じられている。中国の場合はさらに徹底して、天帝によい報告をしてもらうようにと、竈口にたくさん飴をぬってしゃぶらすのである。神さまとの取引きが飴というのだから愛嬌がある。

沖縄では女性の方が男性より神の祭を行ない神に近く、特殊なマジックを持っていると見なされている。これはおなり神の信仰によくあらわれている。

長い旅の安全を祈ってくれたノロの気持も多分そうだったのだろう。

この村の小学校長先生のお宅で一夜をすごした私は翌日、外間ノロのところへ別れの挨拶に行った。ノロは昨日と同じように香炉の前に坐り、気品のある顔で私を迎えた。

私が那覇から東京へ帰るむねをつげ、

「イザイホウの祭には必ず来ます」

と伝えると、彼女は一瞬悲しそうな顔になった。その表情は巫女ではなく一人の老婆の顔だった。そして吐息をしながら、

「次のイザイホウまではとても生きてはおれない」

と答えた。午年というと昭和四十一年にあたる。ノロは九十数歳になるわけだ。私は、

「必ず長生きして下さい」と入墨のある両手を握りしめると、

「ほんとうにイザイホウまでは生きていたい」とのべる。切実に生きたいと思っているのだろう。

私は写真を送ることを約束してノロに名前を聞いた。ノロは、

「アカ！」

と叫んだ。何と可愛い名前だろう。「アカ」と自分の名前をいう時、彼女の顔は童女のようにほおえましく見えた。おそらく生れた時につけてもらった名前なのだろう。

宮《ミャー》の聖らかな広場を横切り海へ急いだ。再び郵便集配人のサバニに乗るために。


（昭和三十一年調査）

久高島の御嶽。ガジュマルの樹が天にそびえ神のよりしろとなる

文庫版によせて

小学生だった頃の父の思い出は数えるほどしかない。父は長い旅から家に帰ってくると、現像室に数日間閉じこもる。私は、赤い光に包まれ、酢酸の酸っぱい臭いが立ち込める怪しい部屋の片隅で父の作業を見るのが好きだった。年に一度の家族旅行でスキーに行った時には家族四人でリフトで登ったものの、父はスキー板を肩に担いで一人で降りてきた。理由を聞くと「足の骨を折ると撮影ができないから」だった。千代田区立の小学校の教頭先生から、この学校の生徒二人のお父さんがカメラマンなので運動会の撮影をお願いしたいと依頼があった。教頭先生は写真界を知らなかった。もう一人のカメラマンとは土門拳《どもんけん》だった。運動会では土門拳が弟子を三〜四人連れ三脚の上に4×5の大きなカメラを取り付けて構える。私の父はライカカメラ二台を首からかけて撮り回るという、今考えるとびっくりするような光景が現れた。

父に「僕は将来、カメラマンにはなりたくない。父親と一緒に居られない子供が可哀想だから」と言うと、静かに笑っていた。父が銀座で木村伊兵衛《きむらいへい》、林忠彦《はやしただひこ》らとしこたま飲んで上機嫌《じょうきげん》で家に帰って来た時に、怒った酒嫌いな母は、父の秘蔵のウィスキーやブランデーを次々と流しに捨てた。子供ながら驚いたが、その時も父は静かに笑っていた。今、その笑みがわかった。「いずれ私のやっていることがわかるよ」だった。

この『秘境旅行』を読むと昭和三十年の初めから十年間かけて二千日間撮影旅行に明け暮れたと記されている。私が生まれたのが昭和三十一年だから、最も父の脂が乗っていた時に違いない。撮影費用は旅館の娘だった母が支え続けた。私はいつしか父の足跡を求めて撮影旅行をするようになった。二〇一八年秋に奄美大島に行った時、私の来島を聞きつけた奄美市立奄美博物館・館長にお会いした。「日出男さんの写真は単に記録ではない、戦後の島の心を撮った大変貴重なものです。当時の奄美の写真は日出男さんの写真しか残っていないのです。奄美の宝です」とおっしゃられた。二階の資料室には自宅で見慣れた父の撮った写真が三十数点飾ってあった。

本書には、戦後の日本各地の人々の暮らしや民俗行事が紹介されている。父が当時出版しようと思った時、民間信仰は迷信と言われ、「迷信を広めるのか」と出版社がなかなか見つからなかったと、後に聞いた。

父は九月に九十八歳を無事に迎えた。昭和三十年代の日本の風土を伝える貴重な資料として、芳賀日出男の著書の中からこの本を発掘し、復刻してくださったＫＡＤＯＫＡＷＡ文芸局の安田沙絵氏に心より御礼を申し上げます。

二〇一九年十二月

写真家　芳賀日向《ひなた》（長男）

奄美群島沖永良部島　エラブユリのアメリカへの輸出が島の生活を支えていた。第二次世界大戦勃発で日本政府より生産禁止となり、島の人は球根を藪に隠し、密かにつないだ（芳賀日出男　昭和31年）

本書は、1962年に秋元書房から刊行された新書を
再編集し、加筆・修正のうえ文庫化したものです。
本文中にある地名は全て取材当時のままとしました。

本文デザイン　國枝達也
編集協力　棚木晴子

秘境旅行《ひきょうりょこう》

芳賀日出男《はがひでお》

令和2年 1月25日 初版発行
令和4年 8月5日 3版発行

発行者●青柳昌行

発行●株式会社KADOKAWA
〒102-8177 東京都千代田区富士見2-13-3
電話 0570-002-301(ナビダイヤル)

角川文庫 22011

印刷所●株式会社暁印刷
製本所●本間製本株式会社

表紙画●和田三造

ISBN 978-4-04-400495-8 C0139